Sé el Héroe de tus Finanzas

Si no lo haces tú, Nadie lo hará por ti

Claudia Martínez García

Alexis Delgado

César Pescador

Uinic Cervantes

Rosa García Calixto

Armando Valencia Madrid

Prólogo

La presente obra que tienes en tus manos, es el resultado del esfuerzo realizado por personas como tú, con alguna profesión u ocupación tan natural y tradicional que cualquiera de nosotros necesita para obtener un ingreso. Entre nosotros se encuentran abogados, ingenieros, contadores, administradores, mercadólogos, comunicadores, vendedores, estudiantes, expertos en ventas por internet, networkers, consultores en diferentes áreas, veterinarios y un sin fin de profesionistas más. Como te puedes dar cuenta somos un grupo de personas bastante diverso, pero que estamos en busca de un fin común, alcanzar nuestras metas y nuestros sueños personales apoyándonos en equipo y al mismo tiempo lograr nuestra libertad financiera.

Todo esto con el espíritu de crecer como personas, servir a los demás y por lo tanto compartir contigo, tanto experiencia, como conocimientos adquiridos en el campo laboral, así como en distintos cursos y entrenamientos.

Como puedes darte cuenta nos entrenamos y preparamos de forma constante con la certeza de que lograremos todo lo que nos hemos propuesto individualmente, pero trabajando en equipo lo logramos en tiempo récord, no tienen que pasar los 10, 20 o 30 años para lograrlo solos y finalmente llevarselo a la tumba. Por lo que optamos compartir contigo todo lo que hemos aprendido teóricamente o en la práctica, esperamos que tomes lo que te haga sentir un cosquilleo ya sea en el pie, en la mano, en la nariz, en el estómago, lo que te toque y te sirva para encontrar tu propio camino, igual que nosotros. Tengas ganas de emprender y encaminarte hacia los objetivos personales que te propongas, para crecer, ayudar –servir- a tu entorno y todos los días seamos mejores persona. Si tu camino se parece al nuestro puedas integrarte, y si no, busques, busques y busques lo que te toca ser y hacer, puede ser cualquier otra área donde te sientas como pez en el agua y le pongas tu máximo corazón a lo que tu espíritu te está pidiendo y no postergues más tu realización.

Por eso es que nosotros estamos aquí, a través de este libro estamos dándole vida y espacio a nuestro espíritu inquieto que le encanta hacer y dar, lo que día a día descubrimos y que si se nos ha sido entregado de alguna forma, sólo fue eso, se nos fue entregado para compartir y ayudar a los demás impulsando a que también tengan sueños, vayan y luchen por ellos, que no tiren la toalla. Existe mucha más gente que está haciendo lo mismo.

Nuestro más sincero deseo es que alcances tus logros, porque en la medida que cada ser humano lo logre, nuestro hogar, la tierra, será un mejor lugar para vivir y convivir. Date la oportunidad de VIVIR LA NUEVA ERA, es decir: caminar hacia la evolución de la humanidad que se traduce en ser más sensibles o empáticos y en agregar valor a las personas desde la perspectiva de servir a los demás, siempre desde el corazón y con amor.

Que cada persona que toques se lleve lo mejor de ti, aunque sea una sola vez en la vida, compartiendo lo mejor de ti, lo que sabes, lo que eres, lo que tienes.

En este libro encontrarás en sus primeros 3 capítulos temas enfocados al desarrollo humano, esencial para que puedas emprender cualquier proyecto que quieras lograr en la vida. El capítulo 4 habla sobre liderazgo. En los capítulos del 5 al 7 se encuentran los temas de finanzas per-

Capítulo 1. ¿Por qué no tenemos abundancia en nuestra vida?
El problema proviene del nivel de conciencia en la humanidad

por Claudia Martínez García

La constante ola de observar lo negativo, de escuchar y poner atención en cosas que no son favorables para nosotros, nos está llevando a tener una baja conciencia, el hecho de siempre pensar en lo que no tenemos y la baja conciencia es lo que nos genera escasez y ese contagio energético es algo que está sucediendo cada vez más, la gente en vez de concentrarse en lo positivo se concentra en lo negativo. Y todo mundo vivimos en un sistema manipulado o mejor conocido como lo que se llama zona de confort, ahí es donde se encuentra todo lo que tú conoces y lo que practicas día con día.

Si no aprendemos a traspasar esa zona cómoda; no podremos llegar a la ABUNDANCIA, pues seremos un vaso lleno al que no le cabe nada más, y al mismo tiempo seremos un vaso vacío; y entonces la vida no merece ser vivida.

Rompe esa zona cómoda, rompe esa zona de confort, y empieza a vivir en la zona de RETO, ahí es donde tú tienes el control, vas a aprender, vas a crecer y a crear, es donde eres el protagonista que enseña y que vive la experiencia, es donde realmente empiezas a vivir la VIDA.

Quiero compartir un SECRETO contigo, y es que la verdadera VIDA, comienza al final de nuestra zona de confort. Si no estás dispuesto a traspasar esa zona de confort; aprenderás menos cosas y no conocerás nada nuevo. Y dime crees que la VIDA merece ser vivida de esa manera, ¿en un continuo estancamiento? No hay que tenerle miedo a lo desconocido, no hay que tener miedo a salir de nuestra zona de confort.

Desde mi punto de vista estamos en este mundo para aprender, y estamos aquí para ayudar a los demás pero sobre todo estamos aquí para **SERVIR**.

Para elevar la conciencia y generar ABUNDANCIA se requiere crear más valor a lo que hacemos, si no creamos y no entregamos valor, no vendrá el dinero.

Hasta ahora nos han dado una educación materialista, nos han dado una educación sistematizada, una educación manipulada, pero vivimos en un ¡Universo vivo!, un Universo en continuo cambio y crecimiento, en un proceso de evolución y de amor, donde el verdadero placer se saca de las interrelaciones y no de las cosas materiales, la zona de confort es una zona supuestamente segura, pero tenlo por seguro que si vives en la zona cómoda te van a manipular, tenlo por seguro que vas a estar en control, pero en control de otras personas, así que te invito a ROMPER ESOS PARADIG-

MAS, te invito a romper esos esquemas; y que entres al nuevo paradigma.

No hay que tenerle miedo a lo desconocido, no hay que tener miedo a salir de nuestra zona cómoda. Basta ya de eso, comencemos a vivir ahora. Y tengamos cuidado con lo que ponemos en nuestra mente.

¿Sabías que? Donde pones tu atención se EXPANDE.

Al estar poniendo la atención en algo, el poder de creatividad aumenta muchísimo, así que si tu atención la pones en cosas positivas que te hagan crecer vas a expandir esa posibilidad, y por el contrario si pones tu tiempo en algo negativo o solo lo desperdicias sintiéndote mal, como es ver televisión, ¿qué crees que va a pasar? ¡ESO TAMBIÉN SE VA A EXPANDIR!

¿Es muy sabio esto verdad? Así que de hoy en adelante te recomiendo que dediques tu tiempo a lo que realmente te interesa. Dedícate a lograr tus propósitos.

Dedícate a crear propósitos, y a crear compromisos porque eso también es necesario para recibir abundancia, pues en ocasiones nuestro trabajo o nuestro negocio no funciona como queremos, por la falta de crear ese compromiso. El hecho de pensar en hacer algo que no nos corresponde, y pensar solo en cuál es mi responsabilidad y hacer sólo eso, también eso es algo que nos limita. Eso hace que las cosas no fluyan.

Yo he hecho cosas que no me correspondía he servido a las personas, he ayudado sin esperar nada a cambio. También me han ayudado a mí, y agradezco todo esto pues eso me indica que esa es la actitud hacia el trabajo, la buena actitud hacia la familia o los amigos. A eso se le llama tener Una Conciencia más elevada.

Y si tú operas en ese nivel de conciencia. No habrá ningún problema en que tú puedas tener abundancia. Al Universo no le importa darte lo que tú necesitas, pero si tú nivel de conciencia es bajo y no estás dispuesto a servir o hacer algo más de lo que te corresponde, siempre tendrás problemas.

LA ABUNDANCIA NO SOLO SE MIDE POR EL DINERO. LAS LEYES DEL UNIVERSO TE DARAN TODO LO QUE TU NECESITAS, PERO NO TE DARÁN LO QUE TU QUIERES.

Para tu crecimiento espiritual existen leyes muy poderosas que te proveerán con lo que necesitas, y no solo se nos da lo que necesitamos para nuestro crecimiento; sino que también se nos provee lo que necesitamos para nuestro Servicio.

Los recursos siempre aparecen cuando hay deseos de servicio. Por ejemplo: la Madre Teresa de Calcuta, Gandhi, y muchos más tuvieron los recursos para prestar sus servicios, cuando lo necesitaron. ¿Y entonces en dónde está la diferencia? ¿Por qué? A ellos si se les proporcionaron los recursos y a nosotros NO.

¿En dónde está la diferencia? Hay una Ley que se llama: La ley de la Correspondencia y funciona igual para todos y es que cuanto más grandes son tus deseos de servicio más recursos aparecerán para ti.

Hay puntos estratégicos que debemos de seguir para encaminarnos hacia la abundancia, debemos de estar en un estado conveniente para recibir abundancia y disfrutar nuestra vida sin limitaciones, para eso es muy importante tener siempre una buena disposición.

Cuando hay problemas con la Abundancia debemos de tener claro que la solución no está afuera de nosotros sino en nosotros. Y tenemos que saber identificar cuáles son esos obstáculos que estamos poniendo para no disfrutar de ella.

Por ejemplo unos de esos obstáculos pueden ser la desconfianza, la falta de compromiso, la falta de lealtad, la falta de capacidad de servicio, la falta de tener respeto hacia las personas o hacia las cosas que tienes, la falta de aprendizaje, o simplemente la falta de valorar lo que te rodea. Estos pueden ser algunos de los motivos por los cuales no estamos listos ni estamos abiertos a recibir la abundancia.

El ser personas confiables es muy importante porque si no somos confiables para los demás, bloqueamos también nuestra abundancia. Hay otra Ley de la que te quiero hablar ahora y se llama la ley de la Compensación; en donde nos habla de que si tú das entonces recibes, algunas personas le conocen como la ley de la siembra y la cosecha, y esa ley no pudiera existir si no hay esa mutua confianza de ambos lados del que da y del que recibe, esa misma importancia hay que verla cuando nos comprometemos. El compromiso cuando trabajamos y si solo trabajamos por el dinero, sin ningún compromiso, o ningún propósito, entonces también estamos bloqueando esa energía de LA ABUNDANCIA.

El objetivo económico tiene que ser una compensación, por tu propósito, pero no es necesariamente el objetivo. Así que es bien importante tener una buena actitud de servicio hacia tus compañeros y hacia tus clientes, tener una buena actitud de servicio. Sin tener en cuenta la categoría ni el puesto de la persona. Y estar siempre disponible, estas son algunas de las características de las personas que se están alineando a recibir abundancia.

En el momento que empieces a ser servicial y dejes de pensar solo en el dinero entonces tendrás mejor acercamiento a la abundancia, de lo contrario el universo te bloqueara.

Debemos de trabajar dentro de nosotros primero para romper esos bloqueos, para romper esos viejos paradigmas y que la **ABUNDANCIA** llegue de una manera natural hacia nosotros.

Tenemos que quitar los Miedos, y poner en marcha características de abundancia en nosotros, eso es lo que nos hace falta. Trabajar para hacernos muy responsables, corresponder a todo el mundo al ser serviciales, no ver a las personas con símbolo de pesos ni como una moneda de cambio. Sino trabajar por el amor, trabajar por el servicio, trabajar con pasión y de verdad tener un interés real por las personas, un interés con intensidad por ayudar y realmente interesarse genuinamente por esa persona.

En nuestra sociedad existen factores los cuales nos han perjudicado bastante a la hora de crear ideas sobre lo que se necesita para ser exitoso y triunfar; y que el que llega primero a la META es el que marca la diferencia; y queremos solamente cumplir Metas , y sabes eso es un error. Porque quizás nuestras metas no son las que el Universo tiene para nosotros. Y esas metas no son prácticas ya que no nos hacen tener agenda propia.

Lo práctico es dejar fluir; pero es muy diferente al momento en que te marcas propósitos. Al momento que te marcas propósitos estás más centrado en el propósito que en el resultado. Si el proceso es bueno el resultado será la consecuencia del propósito y eso será mejor. Hacer las cosas con amor y con servicio es la solución, porque déjame decirte que todos vendemos algo. Y por eso debemos aprender a generar una habilidad y que sea nuestra función. De ahí aprender a tener una especialidad y un conocimiento que pueda crear valor.

Y hablando de generar valor es hora de que toquemos un tema muy importante para nuestro crecimiento y ese tema es: **EL MANEJO DEL TIEMPO.** Se dice que la mayoría de los seres humanos solo aprovechamos efectivamente el 20% de nuestro tiempo, y el otro 80% restante lo desperdiciamos, y no lo hacemos productivo. Y déjenme decirles que el manejar de una manera adecuada nuestro tiempo también tiene que ver con la abundancia, si queremos **ROMPER PARADIGMAS** entonces es muy importante administrar nuestro tiempo.

Si no administramos bien nuestro tiempo, estamos desperdiciando energía, porque el tiempo también es una energía, y existe un dicho que dice: **DONDE SE PONE LA ATENCIÓN SE EXPANDE.**

Al estar tu atención en algo tú poder de creatividad aumenta, tú te conviertes en lo que piensas la mayor parte del tiempo. ¿En qué te quieres convertir? ¿Qué quieres lograr? ¿Cuál es el propósito que te mueve? ¿Qué es lo que te apasiona? ¿Qué es lo que siempre has querido hacer y no has hecho? ¿Por qué te detienes a vivir?

Porque no eres tú realmente, no tengas miedo sal de tu zona de confort y empieza tu vida ahora.

EL MIEDO TAMBIÉN NOS ALEJA DE LA ABUNDANCIA.

Todos tenemos miedos y temores, no podemos huir de ellos pero si podemos controlarlos, para poder superarlos. Y que de esa manera no nos impidan hacer lo que tenemos que hacer. Los miedos al igual que las falsas creencias no son buenos, ni malos simplemente nos limitan. Y no nos ayudan a acercarnos a la Abundancia.

El miedo a fracasar es una ilusión que no es real, que nosotros nos hemos creado en nuestra mente, es una falsa realidad de un acontecimiento que todavía ni siquiera ha sucedido. ¿Te das cuenta? Nos da miedo algo que ni siquiera ha sucedido. Eso suele pasar pero créeme que solamente es una posibilidad. Vamos a analizar un poco más para entender mejor el proceso.

En primer lugar cuando identifiques que te da miedo hacer algo, la primera cosa que tenemos que hacer es aceptarlo; porque si no lo aceptamos difícilmente lo podemos solucionar. Porque no podemos controlar algo que no vemos.

Hay que aceptar que tenemos miedo o temor en ciertas circunstancias o ciertas situaciones, e intentar averiguar de dónde proviene ese miedo; o que lo está provocando para saber qué podemos hacer al respecto. Déjame decirte que el miedo es normal. Todo mundo tenemos miedo. Ahora veamos de donde proviene el MIEDO.

1. No nos gusta ser criticados.

2. No nos gusta estar equivocados.

3. Nos cuesta mucho trabajo tomar decisiones.

4. Esperamos no estar equivocados, ¿por el que dirán?

5. Nos gusta tener el reconocimiento de las personas ¿pero si nos equivocamos?

En primera instancia hay que aceptar que hay cosas que no sabemos y que nadie nos ha enseñado. Si todo mundo supiera que es lo que va a suceder nadie cometería errores ¿correcto? No hay que tomar el error como un fracaso, hay que tomarlo como un aprendizaje porque eso es lo que es, sigue preparándote. Hay que dejar de culparnos y de cargar con esas cargas pesadas, en solo pensar que nadie te va a aceptar porque algo hiciste mal, porqué te digo algo: Todos nos equivocamos.

Solucionemos más bien y de una vez por todas esos miedos, primeramente aceptando que tenemos miedo a tal o cual cosa, ya que identificaste lo que es: Ahora ya estás consciente de que existe ese Miedo, así que ¡felicidades! Ahora ya tienes una opción para mejorar. Ya sabemos en qué momento o en qué situación nos encontramos con respecto a ese miedo.

También hay que definir qué entendemos ¿cómo fracaso? ¿Para ti que es el fracaso? ¿Para ti que es fracasar? a veces somos demasiado exigentes con nosotros mismos, y pensamos que todo se tiene que hacer bien. Pero realmente el no llegar a ciertos objetivos que te hayas propuesto para el año, o que te hayas propuesto para tu negocio tal vez haya sido por falta de preparación, y eso lo puedes controlar, eso depende ti, revisa tus creencias, revisa tus expectativas para saber ¿qué hacer?

Toda experiencia ya sea positiva o negativa no deja de ser un aprendizaje que se va acumulando a lo largo de tu vida y probablemente, nos vamos a seguir equivocando tenlo por seguro. Ahora bien si no aceptas las cosas de tal o cual manera planeada, ten por seguro que tendrás muchas decepciones lo cual te va a seguir generando incertidumbre y **MIEDO**. Pero, ¿en qué momento sientes más miedo?

Existe un riesgo en todo lo que hacemos, incluso aunque no hagamos nada, aun así estas en riesgo. Siempre nos asusta lo desconocido, porque no hemos experimentado esa vivencia y hacemos una lista mental de todas las cosas que pueden ir mal, ¿Qué vamos a hacer?

Siempre, siempre nosotros le damos más importancia a lo negativo. Todo lo que hacemos en la vida tiene un riesgo te vuelvo a repetir, aún no hacer nada también tiene su riesgo así que si hacemos esto o lo otro y si sale mal. ¿Qué es lo peor que te puede pasar? ¿si pasa eso que?, cuando tú valoras los riesgos y te das cuenta de que estás magnificando las expectativas de que salgan mal las cosas, siempre puedes hacer ajustes. Y minimizar las consecuencias, lo que puedes hacer es prepararte para evitar pasar esas consecuencias que no te gustan. Y si no te gusta el resultado lo resuelves y vuelves a adaptarte en el camino paso a paso.

A veces tenemos experiencias pasadas y tenemos miedo de volver a intentar pero esas creencias son infundidas a raíz de experiencias anteriores o de experiencias de otras personas, también tiene que ver la falta de confianza en nosotros mismos. En algunas ocasiones no creemos en nosotros mismos porque tenemos baja autoestima y eso nos lleva a pensar que no somos capaces de hacer algo ni de llevar a cabo un proyecto. Lo cual te hace pensar que eres alguien que fracasa.

SI NO CREES QUE PUEDES, TIENES RAZÓN, PERO SI CREES QUE PUEDES TAMBIÉN TIENES RAZÓN ENTONCES ¿QUÉ HACER?

Esto es muy poderoso tienes que aprender a manejar tus Miedos, las cosas solo te saldrán bien en la vida o en lo profesional si tú crees en ello y si tú crees en ti y en lo que vas a conseguir. ¿Cómo vas a conseguir algo que no crees que sea posible? La pregunta se responde por sí sola, nosotros mismos nos bloqueamos, nos paralizamos y nos saboteamos, el punto es que tú mismo te impides tomar acción y nunca sabrás el resultado que pudieras haber tenido.

Si crees que necesitas ayuda para emprender, pues búscala, prepárate, pide ayuda, pregunta, para que puedas recibir la ayuda de alguien que ya lo ha conseguido que ya ha llegado a donde tú quieres llegar y que esté involucrado en esa área. Supera los obstáculos.

Ten una visión de ti mismo, piensa en grande y tendrás grandes resultados. Todos tenemos miedos y temores, no podemos huir de ellos pero si podemos manejarlos para poder superarlos, ¿te gustaría saber por qué tienes esos miedos? Y que podemos hacer para que no sean una piedra en tu camino o un obstáculo para ti.

Los miedos son simples mecanismos de defensa que se activan cuando nosotros intuimos un peligro que nos pueda afectar, ya sea físico, mental o imaginario, como la mayoría de las veces es. ¿Qué hace que tengamos tantos miedos? Te voy a dar un clave para todo esto, lo que hace que superemos los miedos es tomando acción sobre lo desconocido. Cuando te mueves y te ocupas en resolver las situaciones y te dejas de preocupar tanto por el posible resultado.

Los temores empiezan a desaparecer. Cuando inicias la acción siempre va a ser más fuerte que el mismo resultado, así que prepárate, enfócate, diseña un plan con objetivos específicos pero ponte en marcha y para poder ayudarte a superar esos miedos. Te voy a dejar unas preguntas clave que te tienes que hacerte a ti mismo.

1. ¿Qué necesito y como me puedo preparar para lograr mis objetivos?

2. ¿Tengo yo los recursos necesarios para emprender en este proyecto?

3. Y si no lo tienes entonces ve por ellos, consíguelos.

4. ¿Qué hay detrás de esos miedos que tienes y cómo los puedes solucionar?

5. ¿Qué creencias se tienen que revisar para cambiar y no limitarte?

6. ¿Cuáles son tus habilidades y tus fortalezas que te van a ayudar a superar?

7. ¿Cuál sería el siguiente paso qué tienes que hacer para acercarte a tus objetivos?

8. ¿Qué es lo que te detiene a tomar acción?

EL TEMOR A FRACASAR EL ES QUE NOS DETIENE HACIA LA ABUNDANCIA.

Pero está basado solamente en el significado que nosotros le damos al fracaso. Y lo que hemos aprendido al respecto. Solo son ideas equivocadas, así que disfruta de tus logros; porque la vida del hombre es interesante principalmente si ha fracasado porque eso indica que trató de superarse.

El fracaso o más bien el intento, es solo eso un intento, pero no son fracasos, sino más bien son descubrimientos, son experiencias, los intentos o descubrimientos son la única forma de aprender. No son una muestra de tu incapacidad.

Cuando los niños pequeños están aprendiendo a caminar y se caen, se vuelven a levantar y lo siguen intentando sin temor y sin pensar que han fracasado y si los adultos y otros niños mayores empiezan a reír, ellos piensan que se están riendo con ellos y no les importa, ni les afecta.

A los bebés cuando algo importante les sale mal, quizás lloran o se enojan momentáneamente pero pocos minutos después se olvidan y se dedican a intentarlo nuevamente y buscan otra actividad u otra forma de lograrlo pero para ellos no es un fracaso, no se quedan paralizados y eso no les impide seguir adelante en su objetivo de caminar.

Una de las principales razones por las que nos da miedo el fracaso es porque asociamos el fracaso con nuestra persona, lo tomamos personal, por lo que cada vez que fallamos en algo pensamos… Ya fracasé, por lo tanto soy un fracasado y al pensar así, tu autoestima baja cada vez más y lo que pasa es que nos rechazamos a nosotros mismos y creemos que también vamos a ser rechazados por los demás, creemos que vamos a ser criticados y se van incrementando nuestras emociones negativas, por ejemplo: la culpa, el enojo, la tristeza, y generalmente tratamos de evitar cualquier situación en la que podamos volver a fracasar.

¿Qué sucedería? si en lugar de tomar un error como fracaso lo consideramos como una forma de aprender a como no hacer las cosas, como le pasó a Thomas Alva Edison Quien fallo 1,000 veces en su intento de inventar la bombilla incandescente y cuando lo entrevistaron y le preguntaron es cierto que para lograr su descubrimiento usted fracaso 1,000 veces y él le respondió a la persona: No señorita no he fracasado 1,000 veces, simplemente descubrí 1000 maneras de cómo no hacerlo.

La vida está llena de dificultades de situaciones, de problemas pero eso no significa que tengas que pensar en fracasar, aquí lo importante es como recibes y como te diriges ante esa situación, los resultados van a depender de tu actitud y de tu constancia. Eso define los resultados que vas a tener y la manera en que vas a vivir con dichos resultados.

Pero la vida también está llena de alegrías de experiencias positivas y de momentos maravillosos y recuerda que si nos quedamos atrapados en el fracaso y nos quedamos con ideas equivocadas y hacemos un mal manejo de nuestra percepción nos vamos a perder de mucho y nos vamos a perder de disfrutar de todo lo bueno que nos brinda la vida y de todo lo maravilloso de la alegría, pero sobre todo te vas a alejar de la **abundancia.**

A veces las personas por el miedo, dejan de hacer las cosas, dejan de crear y solos se quitan la posibilidad y por ello dejan de actuar, así que revisa tus falsas creencias, evita utilizar la palabra fracaso porque es una palabra que tiene una carga emocional negativa; y que sugiere no tener opciones. No te califiques por tus errores como un fracasado, porque el lenguaje que utilizamos determina nuestras emociones y nuestras conductas. Acepta que hay situaciones que no dependen de ti. Y que lo único que puedes hacer ante ello es decidir cómo reaccionar en ese momento y cómo vivirlas, también hay que dejar de querer ser perfeccionistas.

Por qué los perfeccionistas fácilmente caen en el engaño, acaban sintiéndose desilusionados y tienden de calificarse como fracasados. Hay que darnos permiso de tener éxito, cuando tenemos una autoestima baja y consideramos que no merecemos el éxito, o que no lo vamos a lograr, ¿Qué crees que pasara? Pues no lo logras.

Nuestra actitud mental marca la diferencia así que deja el pasado y los fracasos déjalos en el olvido, lo que ya pasó, pasó no tienes por qué volverlos a traer al presente, hay que cambiar los pensamientos, hay que cambiarlos, hay que dejar de darle importancia a ese miedo a fracasar, más bien deberías preguntarte de que ¿soy capaz? Hay que ser valientes. Hay que hacer algo para arreglar ese miedo al fracaso. Existen varias alternativas y varios métodos para lograrlo y que te pueden ayudar a contribuir a tu éxito pero el paso más importante que puedes dar es no asociar el fracaso contigo, no tomes las cosas personales **LOGRA TUS SUEÑOS.**

Todos los seres Humanos hemos sido diseñados para ser Triunfadores, y los que de verdad adoptamos esa creencia y la declaramos nuestra, de verdad la vivimos, vivimos en el éxito día con día, y también recibimos las recompensas por ello.

Imagínese en un Mundo de mejores posibilidades… En donde tu carrera o tu Negocio crezcan rápidamente… Y tu forma de vida sea más sana y saludable y a la vez que aumentan tus niveles de energía…

Sí; mírate tú mismo atrayendo todo lo que necesitas, por ejemplo tu " Alma Gemela"… ¡Mejores oportunidades!, visualiza que tus Ingresos están aumentando… Esto es como si te encontraras a un genio, así como Aladino y la lámpara maravillosa. Un Genio que te va a conceder cada uno de tus deseos – ¡Al momento! Sí así es,

Encontrarás el Éxito y Felicidad en Todas las áreas de tu vida. Pero antes de entrar más en detalle de esto… Permítanme decirles un poco acerca de mí.

Desde que era pequeña siempre tuve el sueño de llegar a ser exitosa y de ayudar a otros a lograr sus sueños también, tengo una gran pasión por el Éxito, porque quiero hacer una diferencia positiva en mi vida, en mi Familia, en mi comunidad, y en el Mundo.

Estoy seriamente interesada en cambiar la vida de mis lectores y de sus Familias, enseñarles una nueva manera de vivir, a otro nivel. A un nivel superior que es donde todos queremos llegar.

Pienso que todos merecemos vivir en abundancia, paz, amor, alegría y felicidad. Mi más grande propósito es inspirar a millones de personas a que hagan una mejor vida, y que puedan vivir conscientes y lograr sus propósitos, encontrando esas razones que los mueven, por qué se levantan por las mañanas, la razón de su existir, el motivo de sus
vidas aquí en la tierra. Su propósito final.

¿Ahora dime una cosa estás tomando medidas para cambiar el rumbo de tu vida? Estas siguiendo los pasos para alcanzar tus sueños, y así ser un ejemplo y cambiar de una vez por toda tu generación y todas las que vienen.

Yo soy la que construye o destruye mi vida, soy yo. Estoy segura que lo que me pasa no es por accidente, yo lo busco, y aquí estoy, estoy tomando los pasos en mi plan de la existencia que quiero vivir, porque ésa es mi responsabilidad.

Recuerda algo: nadie va a hacerlo por ti, nadie va a darte soluciones hasta que tú tomes la decisión de controlar tu vida. Toda comienza con un ideal… ¿Y Por qué te digo esto?

Durante los últimos 10 años, mi pasión por el éxito me ha llevado más allá, y he estado en una continua investigación de ¿cómo mejorar y obtener mejores resultados? y he gastado miles de dólares en clases, seminarios, conferencias, libros, audio cintas, CD's, Talleres Empresariales, Entrenamientos, Capacitación de Lideres. Y Todo eso lo he hecho porque quería descubrir el **"SECRETO"**

EL Gran Secreto que tienen los Grandes y los Ricos, El Secreto de **TRABAJAR INTELIGENTEMENTE" Y NO TRABAJAR DURO**, Me dije a misma; Tiene que haber una manera más fácil…

En donde yo pueda hacer que mi dinero trabaje para mí, en vez de yo trabaje para ganar dinero. Una manera Simple, donde yo dominé mi Tiempo. Y no que el tiempo me domine a mí.

Trabajando mis propias horas, y siendo mi propio jefe. Seguí buscando y me dije a misma. "Tiene que haber " una manera más fácil mejor que esta…; Y si la hay porque ya lo estoy haciendo y son los negocios por Internet, muchas veces me encontré en un lugar de completa frustración, fueron muchos los momentos de confusión, porque desafortunadamente en la escuela no nos dan una verdadera Educación, y nosotros no nacimos con un Manual, pero ahora yo he encontrado el propósito en mi vida y estoy apasionada por ello diariamente. "

¡Las cosas son mucho más fáciles si haces lo que te gusta y te apasiona, y aparte que te paguen por eso WOW!

Eso es vivir y he estado atrayendo a mi vida todas las herramientas y a la gente adecuada con la que tengo que trabajar.

"Tú también puedes, pero debes tener un Sistema que Inspire a la gente. No canceles tus sueños. Nosotros te ayudaremos a crear y a generar los sistemas que necesitas para Lograr tu independencia financiera, aunque ahora en este preciso momento no tengas confianza en ti mismo(a) los sistemas no fallan créeme.

Te vamos a inspirar a la actividad." Para que maximices tu tiempo, tus resultados, y a la vez tus ingresos, Llegaste al lugar adecuado en el momento correcto, y con las mejores personas. En otras palabras. ¡La suerte está contigo!

Pero primeramente hay que destruir a los peores enemigos de la Humanidad que son **LA INDECISIÓN**, y la **MEDIOCRIDAD**. Hay que continuar con la Inspiración hacia uno mismo, y a la vez salir a Inspirar a otros. Lo que tú creas que es tu peor obstáculo más grande a superar ahora mismo en este momento.

Tú también puedes darle la vuelta y convertirlo en tu **Milagro más grande**. También quiero conocer de tu historia, tal vez estás en la misma situación en la que yo me encontraba, tal vez necesites de nuestra ayuda en alguna área de tu vida, o tal vez quieras mejorar tus ingresos.

Junto con mi equipo de trabajo nos encargaremos de ayudarte y de llevarte de la mano paso a paso para que logres tus más grandes sueños cualesquiera que sean, Tenemos todo un equipo de **Mentes Maestras** listo para ayudarte. Hay una razón por la que tu llegaste a leer este libro, quiero decirte que te podemos ayudar, sabemos de tus necesidades porque también como tú queremos superarnos. Alístate, porque ahora todo va a cambiar, de ahora en adelante te lo prometo.

Si tú realmente quieres gozar de libertad de tiempo y de libertad financiera, o cualquiera que sea tu **Propósito** que quieras lograr. ¡Tú lo puedes realizar!

Toda comienza con un ideal y con un sueño.

Capítulo 2. Mentalidad Positiva

por Alexis Delgado

La mentalidad positiva es fundamental para alcanzar cualquier meta, todos y cada uno de los grandes que han alcanzado metas muy significativas la utilizan, unos de mis autores favoritos y de los cuales trato de aplicar todos sus métodos es Napoleón Hill, existen varios temas al respecto, pero recomiendo el utilizado por Napoleón Hill, ya que en él se estipula varias técnicas y métodos para desarrollar este tipo de mentalidad. La mentalidad positiva va de la mano con la ACTITUD.

La actitud que se toma ante cualquier situación determinará el resultado de la misma, es por eso que digo que va de la mano….y tú dirás... y por ejemplo cuando se tienen situaciones muy difíciles como:

la pérdida de un ser querido!!, un descalabro financiero!!, la pérdida inesperada de tu empleo (que según en la sabiduría popular es seguro!).. es ahí donde se tiene que poner en práctica la actitud…. O como te explicas que Tiger Woods (si el Campeón del Golf), haya perdido a su padre y ese mismo día se levantara y ganara el torneo de Golf que tenía en puerta. O como Michel Jordan, que estaba hirviendo en temperatura, haya salido a ganar anotando 40 puntos en un partido para definir que pasara a las finales….

Pero bueno no te preocupes te vamos ayudar a desarrollar este tipo de mentalidad, este tipo de actitud, esta cultura de la mentalidad positiva. y digo ayudar porque este libro que para estas alturas ya habrás determinado o deducido que es en coautoría…. Y esperamos sinceramente ayudarte a ti amigo lector alcanzar tus metas con este y otros temas que vienen en este libro, vamos pues a desarrollar esa habilidad que se encuentra dormida dentro de ti…

¡LA VOZ INTERIOR!

La voz interior ……………………………………… ¡mhhh! en esta pausa que realicé…. muy seguramente te preguntaste … ¿de qué voz interior hablas? o de que vocecita estarás hablando??... pues precisamente es esa la voz interior que todos llevamos dentro o Si quieres llamarle el Sexto Sentido, el ángel de la guarda, la corazonada, la intuición pues también aplicaría. Primero que nada para desarrollar tu Mentalidad Positiva, tienes que entender, calmar y controlar tu vocecita,… esa voz interior que te aconseja, te a caya, te dirige…y que casi siempre te controla en todas tus decisiones. Sean buenas o malas…

Te voy a mostrar una serie de ejercicios para controlar esta voz interior, apaciguarla, domarla, y/o disciplinarla… ¿Notaste? que no dije Matar, Eliminar o desaparecer ¿verdad? al final de cada ejercicio citaré algunos personajes ilustres para que tengas conciencia que esto no es sólo mío, sino que hay un mundo de personas que también andan buscando lo mismo que tú. Alcanzar tus Metas y por ende tener Éxito en la vida.

Ejercicios para liberar la Voz interior:

EJERCICIO 1: Celebra tus victorias y/o derrotas

Pues bueno aquí, vamos a darle con todo a esa voz, Primero que nada tienes que celebrar cualquier situación, sea buena o mala, si en verdad quiere controlar tu voz interior. Tienes que seguir al pie de la letra estos ejercicios:

No te extrañe que este tipo de filosofía es una completa declaración de "Yo puedo, Yo quiero y lo Haré" así que en cuando te encuentres en las siguientes situaciones:

1.- Tuviste una Éxito, "sube tus manos con los puños cerrados y ¡¡¡CELEBRA"!!!

2.- Tuviste un "fracaso" sube tus manos con los puños cerrados y ¡CELEBRA!

3.- Una acción victoriosa a 1000 metros de donde estás tú ¡¡¡CELEBRA!!!

Celebra aunque no sean tuyos los éxitos, si te encuentras una moneda ¡¡¡Celebra!!! esto modifica a tu voz interior y tu subconsciente (que es en verdad al que estamos modificando) se reprograma y veras el mundo diferente ... ¡Totalmente!

¿Cómo puedes celebrar? ... Pues puedes utilizar un ¡Hurra!, o un ¡Siii! o un ¡Yeeeah! Tú eliges pero no lo dejes de hacer.

"Si algo externo te preocupa, el dolor no se debe a eso en sí, sino a tu apreciación del asunto; así que tienes el poder para invalidar la en cualquier momento".---Marco Aurelio

"Al final, nuestra única libertad es la libertad de disciplinarnos a nosotros mismos".---Bernard Baruch

EJERCICIO 2: Calla tu voz frente al espejo.

Este es un ejercicio que tal vez te parezca algo tonto, pero a nivel subconsciente es muy poderosos, esto te servirá para estar presente. Te han comentado alguna vez ¿que si pusiste atención a una conversación? Seguramente si y ya sabe quién es ¿verdad? Claro las damas siempre nos están reclamando que si pusimos atención a lo que nos están comentando. Con este ejercicio estarás presente es decir con toda la atención posible y enfocado totalmente. Colócate frente a frente de cualquier espejo, de tu cuarto o de cualquiera que tenga las dimensiones de tu cara ... al estar frente a frente del espejo, debes de aguantar lo más que puedas con tu voz interior callada, en silencio lo más que puedas … tu mente comenzará a decir … ¿qué estás haciendo?, ¿esto es tonto? ¡Mmm! deja de hacer esto, no sirve, retírate, esto no funciona, etc. Da 3 respiraciones profundas. Contando del 1 al 11 al aspirar y del 1 al 11 al expirar... si vuelven los pensamientos, vuelve hacerlo hasta que alcances una paz mental y a cayes tu mente.

"Nunca te desesperes, pero si lo haces, sigue trabajando desesperadamente".---Edmund Burke

"Procede como si fuera imposible fallas".---Dorothea Brande

EJERCICIO 3: Controla tus Miedos.

En esta parte conlleva los ejercicios anteriores, si pudiste observar se requirió que hicieras un ademán (movimiento o señal física) para decir ¡Siii! ¡oh! ¡Yeeeeah! Esto es una reprogramación a tu subconsciente es anclar tus triunfos o victorias en este caso cuando te encuentres en una situación que te causa miedo o que te intimide haz lo mismo, no tiene que ser escandaloso solo hazlo. Cierra tus puños y suavemente realiza el ademán (movimiento o señal física) ¡Siii! Hazlo en casi murmurando si te encuentras en un lugar concurrido. Cuando estés solo hazlo con toda la euforia que puedas.

"Siempre ten presente que tu propia decisión de triunfar es más importante que cualquier otra cosa".--- Abraham Lincoln

"Para ser feliz, desecha la expresión ¡si tan solo! reemplazarla por ¡La próxima vez!"--- Smiley Blanton

Antes de pasar al 4 ejercicio , me gustaría decir algo de mi parte y que hasta hoy día me ha funcionado, al haber adquirido esta mentalidad, ha traído las circunstancias, las personas y los hechos que busco… o más bien ellos me buscan a mi…. Y esto sería:

Mantén tu Mente enfocada en lo que QUIERES, en lo que DESEAS…. Y por nada, escucha bien. Por nada del mundo te enfoques en lo que no quieres, agradece y siéntete abundante. Alguna vez le preguntaron a un millonario que cual fue la mentalidad que adquirió para llegar a ser millonario… y el contesto:

"Mucho antes de que fuera Millonario, ahí acostado en una banca, Pensaba, me enfocaba y actuaba como Millonario"

EJERCICIO 4: Ancla el Amor

Tal vez este sea el más PODEROSO de todos los ejercicios, en los ejercicios anteriores comentamos de un ademán (señal o movimiento físico) que sirve como ancla en el cual fijas en tu subconsciente todo lo bueno que te ha pasado, éxitos, victorias o triunfos en tu vida entera.. un que sean pequeños anclarlos… pero aún más que eso el más poderoso de todos es anclar el ¡AMOR! Como puede hacer esto es haciendo una retrospectiva o recordatorio de tu vida, por ejemplo:

Una vez por circunstancia adversas de mi vida, nos tocó vivir en la casa de mi abuelita, la cual no me incomodaba mucho, nada más había un detallito. Había muchas gallinas y perros. Los perros no me incomodaban pero las gallinas y pollos ¡si!, no me gustaba el olor que emiten cuando en días húmedos se mojaba el gallinero y en especial cuando las gallinas tenían sus pollitos y que no podías pasar entre ellos cuando de pronto era atacado por la mamá de la gallina, eso lo odiaba, entonces un día me paso que se me ocurrió rescatar un pollito de una zanja o cajete de un árbol que estaba cerca. Cuando de repente la MAMÁ Gallina vino a picotear me los pies eso me enfureció tremendamente, entonces agarre una piedra y la perseguí por todo el gallinero, al ver que no la podía alcanzar, lance la piedra y justamente le di en una pierna, ¿que paso? Pues que le quebré la pata a la mitad, mi mamá se quemó todo el show por la ventana y después de esto al oír uno de mis tíos el alboroto salió y vio todo el teatrito de la gallina. Claro que mi mamá también salió, para todo esto los perros tenían la fama de seguí o corretear a las gallinas y mi mamá se agarró de ahí, mi señora Madre nunca, pero nunca miente. Pero esa vez me miró a los ojos agarró a la gallina y le entabló la pata, aunado a esto MINTIÓ por mí. Le dijo a mi tío que los perros habían hecho eso. Claro que yo calladito pero lo que entendí y sentí en toda esta historia fue el AMOR tan grande que tiene una madre, mi tío tiene fama de ser muy grosero, mal hablado y cruel de la historia. Creo que si hubiera dicho la verdad muy probablemente me haya pegado hasta el cansancio, ese evento, ese AMOR que sentí lo tengo bien anclado, y cuando me encuentro en una

situación que me atemoriza utilizó el mismo ademán (Mueca o señal corporal) pero ahora recordando ese momento tan PODEROSO. Hazlo y veras de lo que hablo encuentra ese momento y serás invencibles

"Y todo lo que hagáis, hacedlo de corazón".--- Colosenses 3:23

"Cuatro pasos para el logro: planea con propósito, prepara con oración, procede con positivismo, persigue con persistencia".--- William A. Ward

EJERCICIO 5: No te Culpes nunca jamás.

Este ejercicio trata de por ningún motivo culparte por lo sucedió, no estoy diciendo que no seas responsable OJO, solo que no te culpes por las circunstancias ajenas a ti por ejemplo, digamos que tuviste una mal experiencia de alguna exposición que realizaste y que no les gusto a tus prospectos o tus camaradas sigue los siguientes pasos:

Debes de siguiente rutina, es decir ¿Que paso?

Bueno pues los clientes, prospectos o mis compañeros no estaban interesados en el tema o en el producto o simplemente en la presentación. Después de esto pregúntate:

1.- Pregúntate ¿qué No funcionó?

Aquí debes de buscar las causas externas (y no tú) que originaron el que no haya gustado el producto, presentación etc, a tus compañeros y prospectos.

2.- Pregúntate ¿qué Si funciono?

Aquí debes de buscar todo lo bueno, por ejemplo que la presentación era llamativa, la mayoría puso atención, les gusto parte de las características del producto, etc.

3.- ¿Por qué No funcionó?

Aquí si culparte ni nada, mencionas o enlistas causas de por qué no funcionaron las cosas como querías, porque no se interesaron, tomando en cuenta que no fue por tu culpa, eliminando cualquier emoción al respecto. Esa es la clave el control de las emociones, manteniéndote siempre en un estado positivo.

4:- ¿Que obtuve de esta experiencia?

Y es aquí donde eliminas cualquier elemento negativo todos adquirimos la experiencia o el conocimiento de cualquier evento, tienes que buscar que fue lo que se aprendió, en la industria lo llamamos Lesson Learn o lección aprendida esto para no cometer el mismo error.

El Padre de la Mentalidad Positiva:

Anteriormente había mencionado a Napoleón Hill como uno de los pioneros de la Mentalidad Positiva. Pero de donde él aprendió y un servidor se ha hecho una disciplina de vida es con los consejos y métodos de W. Clement Stone este señorón aplicó en todos los aspectos de su vida la mentalidad positiva, en todos a sus 95 años de vida, vivió 75 de ellos con la misma mujer él fue uno de los millonarios más importantes de la historia de EUA, su principal compañía de seguros AON es y sigue siendo una de las más fuertes de EUA, no solo porque forjó un sistema anti quiebra sino porque edificó una verdadera mentalidad positiva a todos su empleados. Te recomiendo alguno de sus libros, cualquiera que sea de ellos todos son muy buenos.

Pero en especial si quieres alcanzar una verdadera actitud positiva te recomiendo el de: El sistema del éxito que nunca falla, en este libro Stone, descubre todos sus secretos para alcanzar una mentalidad positiva así como alcanzar la riqueza que con esta mentalidad alcanzó, con este sistema alcanzó no solo una vida totalmente positiva sino también la fabulosa cantidad de 1000 millones de dólares en activos en su primera compañía de seguros que formó en EUA.

En el siguiente capítulo se te explicara la actitud correcta que se debe de tener en los negocios, espero que esto te sirva como base para alcanzar todas tus metas y venzas cualquier reto que se te presente.

Capítulo 3. Mentalidad correcta para emprender tu negocio.

por César Pescador

"Vacía tu bolsillo en tu mente, y tu mente llenará tus bolsillos"
-Benjamín Franklin

Detente un momento y haz el siguiente ejercicio mental, toma una pluma con la mano diestra y escribe tantas veces y tan rápido como puedas tu nombre durante 10 segundos.

¡Alto!

Ahora cambia a tu mano izquierda y haz lo mismo en esos 10 segundos.

¿Con cuál mano escribiste más veces tu nombre?

Si no eres zurdo, habrás escrito más veces tu nombre con la derecha que con la izquierda.

La mano diestra representa la parte de tu mente que saca dinero de tu bolsillo (gastos)

La mano izquierda es la parte de tu mente que pone dinero en tu bolsillo (inversiones)

Todos sin excepción tenemos naturalmente más desarrollada la parte de nuestra mente que saca dinero de nuestro bolsillo pues lo hacemos todos los días, a todas horas, para comer, pagar el cine, gasolina, etc.

Sin embargo, cuando se trata de utilizar nuestra mente para poner dinero en nuestros bolsillos, es decir para invertir, la cosa cambia.

Normalmente no estamos tan habituados a utilizar nuestra mente para que ponga dinero en nuestros bolsillos, por lo que nos cuesta más trabajo hacerlo las primeras veces. Probablemente una de las principales razones por las que el 95% de los negocios fracasan en los primeros meses es porque lo emprendieron con la mentalidad incorrecta.

Es por esto que debes recordar que el activo más importante que un emprendedor tiene es su MENTALIDAD.

Si emprendes un negocio y fracasas, o las cosas no salen como lo esperabas, analiza tus reacciones más profundas e instintivas, quizá tu mente te está saboteando por la manera en que reaccionas ante una adversidad, por muy sencilla que parezca.

Tienes dos opciones, hacer de tu mente un ACTIVO o un PASIVO. Si tu mente está preparada para ser imparable, entonces no importa los obstáculos que se te presenten, siempre obtendrás algún beneficio, incluso en aquellos proyectos que fracasen estrepitosamente habrás adquirido valiosa experiencia y conocimientos que de ninguna
otra forma podrás asimilar.

Un ejemplo del poder que tiene la mentalidad de un emprendedor, es el famoso empresario Donald Trump, quien en los 90s. y después de algunos negocios inmobiliarios fallidos, las empresas Trump se declararon en bancarrota con una deuda que rondaba los 3,500 millones de dólares. Gran parte de sus bienes fueron embargados y hasta su esposa le pidió el divorcio, dejándolo en la ruina tanto financiera como emocionalmente.

Personalmente he sabido de personas que por una fracción minúscula de esa deuda se han pegado un tiro como si sus problemas fuesen más grandes que ellos mismos.

Recuerda esto, si crees que tus problemas son más grandes que tú, el problema eres TÚ.

Entonces debes entrenar tu mentalidad para ser más grande que tus problemas. Si la mente de Donald Trump hubiese sido más pequeña que esos 3,500 millones de dólares, otra historia estaríamos contando. Sin embargo, la reestructuración de pasivos y la habilidad de convencimiento que posee Trump hizo que en menos de dos años consiguiera nuevos inversores para uno de sus casinos y hasta adquirió los derechos del certamen miss universo, logrando la hazaña, superar la crisis que podría haber hundido a cualquiera.

Así que si alguien logró en base a su mentalidad regresar de una deuda millonaria, en la que nadie creía en él y hasta sus seres queridos lo abandonaron, todos podemos entrenar a nuestra mente para que esta sea la que coloque el dinero en nuestros bolsillos a través de nuestros emprendimientos.

Pero, ¿Cómo hago para convertir mi mentalidad en un activo y que no se convierta en mi peor enemigo?

No te voy a mentir, esto va más allá del alcance de este capítulo, sin embargo si puedo señalarte puntos clave que te darán una pista y ayudarán a saber dónde empezar, o si ya has leído esto antes, entonces sabrás que vas por el camino correcto para tener la mentalidad que necesitarás al momento de emprender cualquier negocio.

Edúcate financieramente

Todos necesitamos educarnos en lo que respecta a nuestras finanzas, a menos que seas un ermitaño que vive en el desierto y come plantas y animales silvestres.

Es muy fácil confundir la educación financiera con asistir a una escuela de finanzas, o estudiar una master en Administración financiera. No tiene nada de malo estudiar esas carreras, el problema es el enfoque que tienen, y es el de prepararte para administrar el dinero de otros, ya sea en un empleo del gobierno, un banco o una empresa. Además estamos hablando de ESCOLARIDAD, no de verdadera EDUCACIÓN en INTELIGENCIA FINANCIERA.

Durante la universidad tuve excelentes profesores en estas materias, con conocimientos profundos de análisis avanzados de estados financieros, proyecciones o planeaciones financieras, pero siempre enfocados al trabajo duro, no estratégico, a leer los números, no a crearlos. Desafortunadamente ninguno de esos grandes profesores era empresario, mucho menos millonarios.

Durante la organización de un congreso de emprendedores en la universidad, tuve la fortuna de conocer y aprender de varios empresarios invitados. Normalmente, si sabes cómo acercarte a ellos les encanta dar charlas acerca de sus compañías, de cómo empezaron y de cómo tú puedes hacer lo mismo.

Si tienes la oportunidad de conocer a un empresario exitoso invítalo a comer, pues puedes aprender más en una charla de 30 minutos que un semestre completo de cualquier carrera de finanzas.

El educarte financieramente expande tu visión y te permite pensar en grande. No importa las herramientas que compres, los cursos técnicos que tomes o las habilidades que adquieras para hacer algo, no podrás crecer y padecerás apuros económicos si no estás educado con respecto al dinero; es decir, tu puedes ser el mejor ingeniero, o especialista en cualquier campo, pero si no tienes una mente educada para los negocios, siempre tendrás problemas financieros.

Rodéate de Personas exitosas

Bien dice el dicho, el que con lobos anda, a aullar se enseña. Tú eres el promedio de las 10 personas más cercanas a ti, no importa si son familiares, amigos o compañeros de trabajo.

Identifica las 10 personas con las que más interactúas normalmente, ¿Qué tipo de mentalidad tienen? ¿Son dueños de sus negocios o trabajan para alguien más? ¿A cuánto asciende su nivel de ingresos? ¿Son proactivos o se lo pasan quejándose? Si en tu círculo cercano existen demasiadas personas que no tienen mentalidad de éxito, aléjate de inmediato, incluso si es tu pareja, pues el conformismo, la mentalidad de pobreza y miedos son contagiosos y puedes terminar arrastrado por ellos, así que debes respetarte lo suficiente a ti mismo y mantenerte alejado. El problema con eso es que una vez que tú sabes el potencial que puedes alcanzar con tu emprendimiento, siempre habrá una vocecita en tu interior que no te dejará en paz y vivirás con la ansiedad e incertidumbre del que hubiera pasado si...

Esto puede parecer un poco egoísta, pero a menos que puedas mantenerte en una burbuja aislado del mundo a tu alrededor, no podrás evitar contagiarte de las personas con mentalidad de pobreza o que no estén dispuestas a crecer personalmente.

Busca un mentor

Todos los grandes líderes de la historia han tenido un mentor, una persona que te indique el camino que ha recorrido para llegar a la cima, donde tú quieres estar.

#SiguealaVaca.

Se dice que las calles de la ciudad de Boston en Estados Unidos fueron trazadas por el ganado que transitaba por esos terrenos mucho antes de que la ciudad existiera. Las vacas buscaban realizar el menor esfuerzo posible para llegar de un lugar a otro, así que los senderos de los pastizales se hicieron caminos, estos se convirtieron más tarde en las calles que finalmente continúan hasta nuestros días. Entonces, mi consejo es que sigas a la vaca, es decir a alguien que ya haya transitado el camino que quieres tomar y te indique cual es la ruta de menor esfuerzo, y esté dispuesto a enseñarte cómo llegar hasta ahí por el camino de menor resistencia. No hay porqué inventar el hilo negro, está bien ser innovador y buscar siempre alternativas para ofrecer cosas distintas, pero si alguien más ya ha recorrido ese camino, lo mejor es continuar por el mismo sendero que ya ha sido formado por otro.

Un mentor te dirá lo que necesitas saber, no lo que te gustaría escuchar. NO va a comprar tus excusas ni historias de fracasos. Un buen coach hará que salgas todo el tiempo de tu zona de confort. Sólo haciendo cosas incómodas, creces realmente.

Busca tu propio mentor, y si no te exige, ¡Cámbialo!

Practica la Dieta de Información

Se muy selectivo sobre lo que dejas entrar en tu mente. Si tienes el hábito de ver televisión por más de 1 hora al día, o pasar demasiado tiempo en redes sociales sin ser productivo, empieza a considerar cambiar de hábitos. En la medida de lo posible evita al máximo los noticieros, periódicos y revistas que no aporten nada a tu vida. Por general siempre hay malas noticias que van permeando tu mente y pueden llevarte al punto de hacer tuyos los sentimientos que ahí se difunden.

No revisar tu email cada hora ni dejarte llevar por cada nueva oportunidad que te ofrecen para ganar dinero rápido. Créeme, en mi bandeja de entrada recibo cientos de correos de personas que no conozco y que lo único que hacen es enviarme spam o prometerme el último gran negocio para (ahora sí) ganar miles de dólares en piloto automático.

Si no eres selectivo con la información que recibes, llegará el momento en el que te satures y te sientas abrumado, así nunca tomarás acción.

Muchas personas defienden su derecho a ver siempre los noticieros o el periódico para estar bien informados. Esto es en parte cierto, sin embargo la mayoría de las noticias son negativas y van directamente a alimentar tú subconsciente con mensajes de pobreza y escasez, la crisis, la violencia, las enfermedades, bla bla bla.

No evites el miedo, actúa a pesar de él

"Lo que tenemos miedo de hacer generalmente suele ser lo que más necesitamos hacer." - *Tim Ferriss*

Una de las razones más frecuentes para no actuar y hacer que las cosas sucedan, son nuestros miedos. Amigo lector, si hay una idea que me gustaría dejar en tu mente, es esta: ACTÚA A PESAR DE TUS MIEDOS, no trates de evitarlos, ni esperar a que los astros se alinearen o las cosas se acomoden, porque ese día nunca llegará.

Lo único que debe preocuparte del miedo es el sentimiento, no lo que tú crees que lo está causando, ¿me sigues?

La mayoría de las personas viven paralizados por sus miedos. Sucede en todos los ámbitos, piensa en un partido de fútbol, hay jugadores que se han sentido intimidados por el estadio, la gente abarrotada gritando en contra tuya, en un escenario ajeno o en una final y simplemente se paralizan y no juegan como ellos saben, sin embargo los que triunfan es porque han actuado a pesar de esos miedos y las circunstancias adversas, porque aunque el miedo sigue ahí, no dejan que los paralice y saben liberar ese sentimiento para alcanzar su máximo potencial.

Nada supera la acción, en nuestro mastermind privado tenemos la premisa de tomar ACCIÓN MASIVA IMPERFECTA e INMEDIATA, es una filosofía que te lleva más allá de tus miedos, más allá de la crítica, de la parálisis, de la sobreinformación. Tomar AMI no es hacer las cosas sin pensar, o sin la exigencia de calidad mínima, en cambio es preparar, disparar y después corregir en el camino. El tomar acción con todas las facilidades que disponemos hoy en día nos hace romper los paradigmas que nuestros padres tenían muy arraigados en su ADN.

Hoy tenemos la oportunidad de romper con todas esas barreras mentales y limitaciones, el miedo es la principal motivo por el cual no renuncias a tu trabajo, no sales de tu zona de confort, no emprendes un negocio, no

Forma un equipo *Mastermind*

Así como te recomendé que te rodearas de personas exitosas, ahora te recomiendo que hagas un mastermind con personas realmente valiosas y se reúnan cada determinado tiempo para intercambiar ideas, escuchar y analizar los proyectos entre sí, te ayudarán a Potencializar tus habilidades, señalarán las cosas que deberías cambiar de tu proyecto y asimismo aportarás tu experiencia y conocimientos a ayudar a los demás miembros.

Un sitio donde puedes conocer personas con tus mismos gustos, conocimientos y eventualmente con quien puedes formar un equipo mastermind es http://www.meetup.com Esta es una red social que te ayudará a encontrar personas que tienen pasiones y proyectos similares en tu ciudad o cerca de ella.

Conclusión

Entonces, recapitulando, siempre educa y entrena tu mente, invierte en ti, busca y rodéate de personas con la misma mentalidad de éxito que tu, busca un mentor que te indique el camino, se cuidadoso con la información que permites recibir y forma un equipo mastermind que te de soporte e impulse a alcanzar tus sueños y propósitos. Esto es sólo el comienzo para alcanzar el éxito y no morir en el intento.

Capítulo 4. El Poder de tu ser interior.

por Claudia Martínez García

Los seres humanos tenemos un poder interno, un poder creativo, que nos ayuda a decidir en diferentes circunstancias y situaciones en nuestra vida, se dice que el 85% de Los resultados dependen de tu motivación y el otro 15% está relacionado con tu memoria y por lo que hayas hecho en circunstancias similares en el pasado.

Casi todo lo que eres o serás está determinado por tus pensamientos, sentimientos y comportamientos. El 95% de lo que piensas, sientes y haces, está determinado por tus hábitos. Hoy en día está comprobado que **Los Hábitos** se adquieren en tu infancia y en el trayecto de tu crecimiento. Por fortuna se pueden cambiar y remodelar a manera que te favorezcan y te ayuden en la realización de tu vida.

Hay una fuerza muy poderosa que proviene de tu ser interior, tu puedes controlar tu propio futuro, al elevar tus expectativas, tus actitudes, y tus comportamientos. Tenemos un poder interior que es ilimitado y tiene una gran influencia para decidir o esperar que las cosas sucedan de la mejor manera posible, solo que tenemos que desarrollarlo, creerlo sentirlo y hacer las acciones necesarias para que sucedan buenas cosas.

Desafortunadamente las expectativas negativas también se convierten en realidad, si tu esperas que algo malo suceda, eso afectará negativamente, tu actitud y tu comportamiento. Y se va incrementando hasta convertirse en una falsa creencia y después en un mal hábito. Son tus acciones y tus pensamientos los que deciden quién eres y en que te conviertes, la buena noticia es que tienes un gran poder en tu ser interior, y puedes transformarte. Puedes convertirte en la persona que desees. Te aconsejo que siempre te mantengas en un estado continuo de crecimiento y evolución, liberándote de malos hábitos y desarrollando nuevos hábitos. No importa de dónde vienes lo importante es hacia donde te diriges, y tu destino solo lo limita tu imaginación.

Los resultados y las consecuencias más importantes de tu vida dependen de tus creencias, tus hábitos y de que dejes manifestar el poder de tu ser interior. Todo este poder lo puedes usar a tu favor y eso te va a contribuir y a mejorar tu vida en todos Los aspectos tanto familiar, económico, social y demás.

Dale fuerza a tu ser interior cree en él, por qué aquello que le sucede al hombre es menos importante que lo que le sucede en su interior.

Imagina que no tienes limitaciones que puedes **Ser, Hacer, y Tener** todo lo que tu deseas, ponle acción a esa visión y Dale rienda suelta a tu ser interior, pero recuerda que Los resultados dependen de ti y de tus pensamientos, procura que siempre sean pensamientos positivos y llegarás a un mejor destino

La clave para lograr tu máximo potencial

La gente exitosa tiene modelos positivos alrededor de ellos cuando están creciendo tienen más posibilidades de crecer y convertirse en hombres y mujeres de calidad y carácter a comparación de aquellos adultos que no tuvieron modelos o peor aún, que tuvieron modelos negativos a seguir tal como sucede con mucha frecuencia actualmente. Mientras más pienses en tus metas y cómo lograrlas, más rápido te moverás hacia ellas.

Enfocarás más de tu energía emocional en ellas, tendrás menos energía disponible para los problemas, preocupaciones y asuntos sin importancia que a la mayoría de la gente le preocupa. Cualquier pensamiento o meta que repitas una y otra vez en tu mente consciente, será eventualmente aceptada por tu mente subconsciente. Por lo que, tu subconsciente se pone a trabajar 24 horas al día, para coordinar tus pensamientos, palabras y acciones para traer esas metas a tu vida.

La clave para lograr tu máximo potencial, incrementar tus ingresos y tus éxitos a un nivel mucho mayor de lo que actualmente tienes, es disfrutar de la mejor calidad de vida en todos los aspectos es incrementar tu auto-concepto en cada área de tu vida. Se tienen que desarrollar nuevos hábitos de pensamiento sobre lo que es posible para ti.

Lograr mucho más te será posible si cambias tus pensamientos y sentimientos acerca de tu potencial en esa área específica que necesitas desde el interior. La gente exitosa tiene claramente sus objetivos, y sabe hacia dónde va, la gente exitosa tiene propósitos definidos y no se detiene ante nada. Una cualidad que han desarrollado y llevado a cabo con gran resultado la gente de éxito es el desarrollar el **Yo - Ideal,** esto del Yo- Ideal es una mezcla de la mejor persona en quien puedes imaginar convertirte, viviendo la mejor vida posible.

La gente de alto desempeño, éxitos@s, felices tienen una idea muy CLARA de su Yo-Ideal. Tienen muy claro que es lo que les gusta, que es lo que respetan y admiran. Tienen ideales claros acerca de las virtudes, valores y atributos de los hombres y mujeres superiores a quienes tratan de imitar. La gente de éxito tiene una visión poderosa, inspiradora acerca de cómo luce una persona de excelencia y cómo se comporta. Lograr mucho más te será posible si cambias tus pensamientos y sentimientos acerca de tu potencial en esa área específica desde el interior.

Debido a la Ley de la Atracción, inevitablemente te mueves en dirección de convertirte en aquello que más admiras. Mientras más claridad tengas sobre tu futuro ideal y la vida que quieres vivir, la persona ideal que quieres ser, más rápido te moverás en el proceso de convertirte en esa persona, y mayores oportunidades aparecerán para hacer tu visión del futuro ideal una realidad

El Dr. David McClelland de Harvard, en su libro **"La Sociedad del Logro"** explica cómo los modelos tienen un tremendo efecto en formar el carácter y la personalidad de los jóvenes. Una de sus conclusiones fue que hombres y mujeres a quienes más han admirado y que son un modelo para la sociedad durante los años de formación de la persona, tiene una influencia muy fuerte en el carácter y aspiraciones de la persona al llegar a la edad adulta. Todos tenemos un auto-concepto y es llamado con frecuencia tu "espejo interior". Este es el espejo a través del cual te miras para comprometerte con cualquier desempeño, o enfrentar cualquier evento importante.

Si tu auto-concepto es de confianza y éxito al conocer a una persona, presentarte a una entrevista o hacer una presentación, así es como te desempeñarás en esa actividad. Napoleón Hill, autor de Piense y Hágase Rico, preguntó una vez a su audiencia: "¿Cuál es el número promedio que una persona intenta lograr una nueva meta antes de rendirse?" después de varias opiniones, respondió: **"Menos de una"**

Lo que quiso decir es que la mayoría de la gente se rinde ANTES de haberlo siquiera intentado una primera vez. Aún y cuando pensaron que quieren mejorar sus vidas, aumentar sus ingresos y lograr muchas cosas, tan pronto como la nueva meta aparece en su mente, automáticamente responden con un "No Puedo". Y comienzan a pensar en todas las razones por las que no pueden lograrlo. El hábito más importante que debes desarrollar es el de "repetirte a ti mismo y creer "yo puedo hacer todo si me enfoco en ello".

" Las palabras más poderosas que puedes repetirte a ti mismo, una y otra vez para neutralizar ese miedo al fracaso son las palabras "Sí Puedo Hacerlo, Sí Puedo Hacerlo"

Las palabras más amables que los padres dicen a sus hijos, además de estas palabras son: **"Te amo"** y "Puedes hacer todo lo que te propongas"

Es maravilloso ver cómo la vida de tantas personas ha sido afectada dramáticamente por la influencia de una sola persona, tu mamá, tu papá, algún pariente o amigo, quienes simplemente les dijeron una y otra vez **"Tú Puedes Hacerlo"** La peor situación de todas, misma que es común entre la mayoría de las personas, es aquella en que el individuo experimenta una combinación de los dos más grandes temores: **"Tengo que hacerlo"** pero... **"No Puedo"**.

Uno de los más grandes descubrimientos en el área de la personalidad de alto desempeño es que tus miedos y tus niveles de autoestima tienen una relación inversa. En otras palabras, mientras más te aceptes y te ames a ti mismo, menos temor sentirás de fracasar o ser rechazado, inevitablemente enfrentarás obstáculos y fracasos temporales.

Mientras más te aceptes a ti mismo, menos te importará la aprobación o desaprobación de los demás. Vas tras tu objetivo. La manera más rápida de construir tu autoestima, auto-confianza y neutralizar los miedos que te detienen, es repetirse continuamente "Me acepto y me agrado a mí mismo".

En cualquier momento que te sientas con alguna duda, comienza a decirte a ti mismo: **"Me acepto y me amo, me acepto y me amo, me acepto y me amo.**

Cualquier pensamiento o meta que repitas una y otra vez en tu mente consciente, será eventualmente aceptada por tu mente subconsciente. Por lo que, tu subconsciente se pone a trabajar 24 horas al día, para coordinar tus pensamientos, palabras y acciones para traer esas metas a tu vida. **"El hombre se convierte en esclavo de sus actos repetitivos.**

Aquello que elige primero es lo que logrará" (Orison Swett Marden) En pocas palabras, aquello en lo que piensas la mayor parte del tiempo, crece. Cada vez más y más a medida que tus emociones y energías se enfocan y concentran en aquello en lo que estás obsesionado con pensar. Concéntrate en lo Que Quieres.

EL PODER DE TUS PENSAMIENTOS

"Te conviertes en lo que piensas en la mayoría del tiempo".

Eres lo que eres y estas donde estas, por lo que tienes en tu mente la mayor parte del día. El ser humano puede formar cosas en su pensamiento, y así mismo también, puede causar la creación de las cosas en las que él piensa. Y con esto me refiero a lo que estás pensando en este momento.

Todo lo que eres y todo lo que serás, está determinado por los pensamientos que piensas a cada momento. A cada instante y puedes tomar control completo sobre esos pensamientos en cualquier momento que tu lo decidas. ¿Qué es lo que los optimistas piensan la mayor parte del tiempo? En términos más simples, los optimistas piensan sobre lo que quieren y piensan en el cómo conseguirlo, la mayoría del tiempo. **Ellos piensan a dónde van y cómo van a hacer para llegar allí. Y la sola idea de pensar sobre lo que quieren les hace sentir felices y positivos. Aumentando su energía y liberando su creatividad. Y eso los motiva y estimula a actuar a niveles más altos.**

En cambio Los pesimistas, son todo lo contrario. Piensan y hablan de lo que no quieren la mayoría del tiempo. Piensan en la gente que no les gusta, los problemas que están teniendo o han tenido en el pasado, y sobre todo, piensan acerca de quién es el culpable de su situación particular. Y cuanto más piensan en las cosas que no desean y quién tiene la culpa de sus problemas, más negativos y enojados se vuelven.

Cuantos más negativos se vuelven, más rápido atraen a su vida exactamente esas cosas que no quieren que suceda. "Piensa bien en lo que quieres" Como todos los hábitos, las formas habituales de pensamiento se pueden aprender mediante la práctica y la repetición. En lugar de centrarte continuamente en el momento, y en las acciones inmediatas y gratificaciones, debes pensar a largo plazo sobre lo que quieres y hacia dónde te diriges.

Las personas exitosas pronto desarrollan los hábitos de planificación y estratégica personal. Se sientan y hacen una lista muy precisa de lo que quieren realizar en el corto, mediano y largo plazo. Y luego utilizan una potente metodología de "siete partes" de establecimiento de la meta para crear modelos y planes de acción que siguen todos los días.

"El 95% de tus emociones está determinado por las cosas que piensas y las palabras que te dices a lo largo del día"Utiliza tu auto-disciplina y tu auto-control para pensar y hablar sobre las cosas que quieres, en vez de permitir que tu mente se preocupe por las cosas que no quieres o con dudas o miedos. Piensa En El Desempeño Excelente: Un hábito importante de pensamiento desarrollado por los optimistas es el "hábito de la orientación hacia la excelencia".

El hecho es que, para lograr algo que nunca has logrado antes, tendrás que desarrollar y dominar una o más destrezas que nunca habías tenido antes. Primero, usted Cree que hay una Sustancia Inteligente, de la cual proceden todas las cosas. Segundo, usted cree que esta Sustancia le da todo lo que usted desea; y tercero, usted se relaciona con ella por medio de una honda y profunda gratitud. Detrás de su visión clara debe estar el propósito de realizarla; y de convertirla en una expresión tangible. Y detrás de ese propósito debe haber una FE invencible y firme de que las cosas que usted quiere ya son suyas; que está al alcance de su mano y que usted sólo tiene que tomar posesión de ella.

Toda las cosas que pidas cuando ores, cree que las recibirás, y las tendrás, dijo Jesús. Usted no logrará esta impresión repitiendo chorros de palabras; usted lo conseguirá sosteniendo la visión con **PROPÓSITO** firme de lograrlo, y con la **FE** firme de que lo logrará. La respuesta a la oración no es según la fe que demuestra mientras habla, sino según su fe mientras usted está trabajando sobre ello. Si usted quiere hacerse rico, entonces usted no debe hacer un estudio sobre La pobreza.

Las cosas no se realizan pensando en sus contrarios. La salud no se logrará pensando en la enfermedad y pensando sólo en la enfermedad. La honradez no debe ser promovida estudiando el pecado y pensando en el pecado; y nadie nunca se enriqueció estudiando la pobreza y pensando en la pobreza. Lo que tiende a abolir la pobreza no es Mantener las imágenes de la pobreza en su mente, sino las Imágenes de Adquisición de riqueza en las mentes de los pobres.

EL PODER DEL PENSAMIENTO…

Atreves de tus pensamientos, todo lo que piensas afecta en tu entorno, si piensas cosas negativas y te enfocas en ello, eso es lo que recibirás, y también sucede todo lo contrario si piensas en cosas positivas y ocupas la mayor parte de tu tiempo pensando en las cosas bellas y positivas, ¿qué crees que sucederá? pues esas también las recibirás.

Todo en lo que un hombre piensa y se concentra puede hacerse realidad.

ESTÁS ATRAYENDO LO QUE SIENTES. Así que si te sientes bien, mantenlo. En todo momento del día estamos ofreciendo pensamientos que están literalmente formulando la experiencia futura y podrías decir por la forma en que sientes si las cosas hacia las que te estás moviendo te favorecerán cuando las consigas.

LO QUE SEA QUE ESTÁS SINTIENDO ES UN REFLEJO PERFECTO DE LO QUE ESTÁ EN PROCESO POR VENIR.

Obtienes lo que sientes no tanto por lo que piensas sino por la espiral en la que entras. Un ejemplo muy ilustrativo suele ser así cómo te levantas de la cama, así va el día. De esta forma los ricos se hacen más ricos y los pobres se hacen más pobres. Puedes empezar a sentirte bien ahora mismo incluso si no está ahí lo que deseas y lo que ocurrirá es que el Universo responderá a la naturaleza de tu canción o sentimiento interno y se manifestara porque es de la manera en que sientes. Así que básicamente, el pensamiento y el sentimiento van juntos con relación a lo que atraes a tu experiencia sea o no sea lo que quieres.

LO QUE PIENSAS Y SIENTES Y LO QUE MANIFIESTAS ES SIEMPRE IGUAL SIN EXCEPCIÓN.

La acción será requerida, pero si de verdad lo estás haciendo en consonancia con lo que el Universo te está entregando, te hará sentir alegría y te sentirás tan vivo/a que el tiempo se pasara y podrías realizar esa acción todo el día. Y una cosa importante es que tienes que tener cuidado no solamente con las palabras que dices con tu boca, sino también con las palabras que te dices a ti mismo en tu interior con el diálogo interno que llevas diariamente contigo mismo, se dice que una persona habla consigo mismo más de la mitad del día entonces ahí está una zona secreta que tú debes aprender a identificar, date cuenta de que existe, conoce el poder de esta parte en especial y domina tus pensamientos y tus palabras.

La decisión es tuya; que es lo que quieres crear para ti en este día, ¿quieres cosas buenas o quieres amargura y tristeza? Tú tomas la decisión tú y solamente tú tienes el control. ¿Crees que de hoy en adelante vas a utilizar un dialogo en donde estés creando limitaciones en tu vida? O vas a crear un mundo de oportunidades: recuerda que el diálogo interno que tú tengas cada día de tu vida; contigo mismo va a influir y va a afectar a tu vida diaria, y no podrás hacer nada para evitarlo así que ten cuidado de que conversas contigo mismo, la única opción que tienes es la siguiente es un arma muy poderosa que te voy a enseñar, para evitar el auto sabotaje, porque nosotros mismos somos nuestro peor enemigo, nosotros mismos nos auto plagiamos. Pero ya no más ¡llego tu libertad! Alístate porque tu vida ya no será igual se acabó tu sufrimiento y tu estancamiento, se acabó tu depresión, te voy a enseñar a manejar tu vida, pon mucha atención en los libros que lees, en la vida diaria, con tus amigos. Es tiempo de pensar realmente en grande; es tiempo de pensar bien lo que quieres y empezar a atraer abundancia a tu vida. Recuerda siempre lo siguiente que es muy importante.

"Si puedes ganar un completo dominio sobre ti mismo, fácilmente dominarás todo lo demás. El triunfo sobre uno mismo es la victoria perfecta".

(Thomas A. Kempis)

Capítulo 5: Tu plan financiero personal

por Uinic Cervantes

Hasta ahorita ya has visto lo más importante para arrancar tu camino hacia la independencia financiera: TENER UNA MENTALIDAD CORRECTA, sin paralizarse por los miedos y rompiendo los viejos paradigmas de pobreza. Eso, querido lector, definitivamente es lo más importante cuando inicias tu camino CERTERO hacia tu independencia financiera.

De nada te sirve tener el plan más elaborado del mundo si no eres la persona correcta con la mentalidad correcta. Así que, si quieres que el **PLAN FINANCIERO PERSONAL** que vamos a estudiar en este capítulo te funcione a la "perfección" (más adelante te explico porque lo pongo entre comillas), primero debes asegurarte de haber cumplido con lo que leíste en los capítulos anteriores. Si no es así, sugiero que interrumpas tu lectura en este momento y te regreses a leer y APLICAR lo que ya leíste.

...

Bien, si estás leyendo estas líneas quiero suponer que tienes toda la motivación, intención y (sobretodo) COMPROMISO de alcanzar tus metas financieras este mismo año: COMENCEMOS.

Ya entendí la teoría, basta de cuadrantes y fórmulas, ¿por dónde empiezo?

Casi estoy seguro que, a estas alturas, hay ideas y preguntas que rondan tu cabeza que pueden ser de este tipo:

Ya He Leído Muchos Libros, Estudiado Cursos, Asistido A Conferencias, Puedo Citar Muchas Frases Y Autores Pero…

¿QUÉ SIGUE EXACTAMENTE?

Si tienes ideas o preguntas parecidas a estas, lo más probable es que NO TENGAS UN PLAN FINANCIERO que seguir para conseguir todas tus metas. Es más, TAL VEZ NI SIQUIERA TENGAS TUS METAS CLARAS.

Si este es tu problema inicial, porque no comenzamos por ahí.

Pero antes, hagamos un pequeño paréntesis, me gustaría compartir contigo mi filosofía personal respecto a las metas y los planes.

La fórmula que yo sigo es simple y poderosa:

SUEÑO

META

PLAN

ACCIÓN MASIVA

Te lo explico rápidamente, el primer punto es **EL SUEÑO**. Los sueños funcionan exactamente igual que la gasolina de los coches. Sin gasolina o con poca gasolina, difícilmente avanzará tu automóvil y si lo hace, será muy despacio y con mucho miedo de quedarse parado en algún punto (por eso ves a tantas personas moviéndose lentamente al perseguir sus metas financieras, tienen poca *gasolina* y tienen mucho miedo de quedarse parados para siempre).

En cambio, si te ocupas de tener el *tanque de gasolina* LLENO todo el tiempo… **no importa que tanto avances, ¡siempre tendrás combustible para seguir avanzando!**

Todos nosotros tenemos un *tanque* de sueños, cuando un sueño lo agotas (lo cumples), debes llenar nuevamente el tanque. Por eso es tan importante alimentarse de nuevos sueños cada vez, para que siempre tengas combustible que te mueva.

Hay muchas formas de mantener lleno tu tanque de los sueños (tomarte fotografías con aquello que quieres y hacer un collage, hacer afirmaciones o declaraciones de aquello que quieres lograr, preguntar a otros por sus sueños y hacer algunos de ellos propios, visualizar y escribir la vida que quisieras tener, etc.), y sugiero que las hagas todas, pero debes tener cuidado de no perderte en ese hermoso mundo de los sueños sin seguir trabajando TODOS LOS DÍAS para hacerlos realidad.

Así avanzamos al segundo punto: **LAS METAS**. Volviendo al ejemplo anterior, de nada te servirá tener un galón o un *tinaco* (así llamamos en México al contenedor que almacena el agua en nuestras casas) lleno de gasolina si no tienes un automóvil y un objetivo hacia el cual moverte.

Todos los sueños tienen la característica de ser hermosos pero también de ser poco precisos, por eso debemos convertirlos en metas claras, precisas, alcanzables y con un tiempo límite, pero ya continuaremos con esto más adelante en la lectura.

El tercer punto de la fórmula es **EL PLAN**. Aquí quiero resaltar la frase de *Bryan Tracy* de su libro *Tráguese ese sapo* que dice: *"un minuto de planeación te ahorra 10 minutos de ejecución"*. Si alguna vez has hecho algo con plan y sin plan, sabrás la verdad que tiene esta frase.

Tener un plan se vuelve especialmente importante cuando quieres cumplir tus metas en un tiempo corto. Por ejemplo, en ese preciso momento que te diste cuenta que **estás metido en ese círculo vicioso de tus finanzas donde llevas años trabajando y trabajando y trabajando y el dinero** sigue saliendo más rápido de lo que entra, no tienes ahorros, no tienes inversiones, no sabes qué pasará si de repente ya no puedas trabajar… es ahí, mi querido lector, cuando todos quisiéramos haber tenido un plan desde el principio, ¿me equivoco?

Pero no te preocupes, siempre hay tiempo para hacer tu plan así que si aún no sabes cómo hacer tu planeación financiera, estás leyendo el libro correcto.

Por último, **ACCIÓN MASIVA**. Regresemos al ejemplo inicial. Estás a punto de tomar un largo viaje, tienes el automóvil con el tanque de gasolina lleno (sueño), tienes el destino exacto al cual quieres llegar (meta), trazaste la mejor ruta para llegar en tiempo corto y con seguridad a tu objetivo (plan), ya te subiste al coche, físicamente estás en condiciones óptimas para conducir el tiempo necesario, tomaste todas las precauciones de seguridad para prevenir accidentes, llevas todas las provisiones necesarias, revisaste el clima y el estado de la carretera antes de salir, llevas un GPS para seguir tu ruta, todo está en perfectas condiciones para emprender tu viaje pero…

¿Qué pasa si no enciendes el automóvil?

¿Qué pregunta tan tonta verdad?... pues no tanto, para muchas personas, encender el automóvil es algo ATERRADOR. Pensar en los posibles accidentes, en las razones por las cuales no llegarán a salvo, en cómo a sus amigos, conocidos o familiares les fue mal en un viaje similar o el simple hecho de pensar que tardarán mucho tiempo en llegar les hace retrasar (tal vez inconscientemente) su viaje de manera indefinida. Algunos tal vez nunca emprendan su viaje por temor a fallar.

La noticia es, NO HAY PLAN INFALIBLE, NO HAY FÓRMULAS SECRETAS… la única forma de saber si un plan va a funcionar es EJECUTÁNDOLO… **¡ENCIENDE EL COCHE YA!**

Acción Masiva significa muévete, muévete y MUÉVETE masivamente hasta conseguir todos tus objetivos.

Así que, manos a la obra. Vamos a cerrar este paréntesis y continuemos donde nos quedamos.

Ah, pero antes de cerrarlo, quiero agregar dos elementos sumamente importantes a esta última parte. La acción masiva te genera más resultados cuando lo haces de manera **INMEDIATA** e **IMPERFECTA**.

No esperes a tener todas las condiciones "perfectas" para comenzar, HAZLO YA con lo que tengas, con lo que sepas, con lo que puedas, no esperes más para empezar, en el camino corriges y mejoras pero mientras **¡HAZLO YA!**

Bien, ahora si cerremos este paréntesis y continuemos donde nos quedamos.

¿Cómo fijo metas simples y alcanzables?

Hay muchas teorías y métodos acerca de fijar metas, todas ellas las puedes encontrar en infinidad de libros, cursos y demás pero yo te voy a compartir lo que más me ha funcionado (incluso a mi niña de 4 años le funcionó para tener su juguete más deseado) y tal vez te pueda funcionar a ti.

Quiero aclararte que para fines de este libro no vamos a meternos con metas de carácter personal, familiar o de salud entre otras cosas, pero lo que te voy a compartir en las siguientes líneas te puede servir para cumplir cualquiera de estas metas.

Estos son los elementos que debes tener en mente para conseguir tus metas:

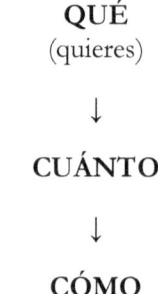

QUÉ
(quieres)

↓

CUÁNTO

↓

CÓMO

Para ilustrar esto te voy a contar la historia de cómo mi niña de 4 años consiguió uno de sus juguetes favoritos para regalárselo a sí misma en navidad.

Primero que nada se ***metió en la cabeza*** la idea de un juguete **muy específico**: un *Woody®* de *Toy Story®*.

Después de saber lo que quería, consiguió una **imagen** de su objetivo. Así ya no lo veía sólo en su mente sino que lo podía **ver físicamente todos los días**. Incluso cada que pasaba por la imagen le **decía verbalmente** *"Voy por ti Woody"*... algo que, obviamente, influyó en el resultado final.

Después de tener claridad de lo que quería, el siguiente paso fue investigar **CUÁNTO le costaba** su sueño.

Teniendo la cantidad exacta a conseguir sacó todos sus "domingos" (así le decimos en México al dinero que algunos abuelos, tíos o padres dan a sus hijos justamente el día domingo – o cualquier otro día – para que se compren lo que quieran) para saber **CUÁNTO tenía** y **CUÁNTO le faltaba** para llegar a su meta financiera.

Teniendo esto claro, lo único que faltaba era saber **CÓMO** lo conseguiría. Entonces se puso a diseñar un plan para multiplicar su dinero. Como te has de imaginar hizo lo que casi cualquier niño de 4 años haría… COMPRAR DULCES Y VENDERLOS.

Aquí quiero recalcar algo muy importante, todos los niños de esa edad tienen un encanto especial cuando se trata de vender (lo que sea), y esa característica es que SON AUTÉNTICOS, no tratan de impresionar a nadie, de quedar bien, de ser política o socialmente correctos, es ahí donde radica la diferencia… esa misma característica también la puedes tener tú al compartir tus ideas, solo es cuestión de que SEAS AUTÉNTICO(A).

Su diálogo de ventas era, literalmente, el siguiente: *"Hola, soy Nikki, estoy vendiendo dulces para comprarme mi Woddy® de Toy Story®, tengo Chocolates de $5 pesos, Duvalines de $5 pesos y Winnies de $1. ¿De cuál quiere?"*

Así nada más, simple, claro, concreto y DESCARADO (si lo queremos ver así). A la gente le encantaba ver su autenticidad y por eso acababa comprando más de una cosa.

Bueno, para no hacer el cuento largo, no le tomó más de 2 días de **ACCIÓN MASIVA** con enfoque total para duplicar su inversión y conseguir su objetivo.

Aquí tienes la prueba.

Bueno, vamos a recapitular con palitos y bolitas para los que nos gusta tener orden y estructura:

- **Paso 1:** Tener claro QUE quieres (un Woody de Toy Story)
- **Paso 2:** Utilizar todas las herramientas que conoces para conseguir tus objetivos (ley de la atracción, visualizaciones, decretos, afirmaciones, collage o *sueñografo*, etc.).
- **Paso 3:** Tener claro CUÁNTO te cuesta, CUÁNTO tienes y CUÁNTO te falta por conseguir.
- **Paso 4:** Crear un plan preciso que te indique CÓMO lo conseguirás y en cuanto tiempo.
- **Paso 5:** Dedicarte a ejecutar tu plan con ACCIÓN MASIVA INMEDIATA e IMPERFECTA siempre estando abierto a la retroalimentación para corregir sobre la marcha cualquier "imperfección".

Si quieres que lo que estás leyendo te funcione, sugiero que antes de continuar la lectura, incluso por mera diversión, escribas en este preciso momento por lo menos dos metas financieras que quieras lograr en los próximos 12 meses:

Meta 1: $ _____ Para: _____

Meta 2: $ _____ Para: _____

Nota: si te da flojera o dices "eso ya lo sé" o piensas que necesitas algún curso más especializado o escribirlo en tu cuaderno de notas favorito o lo que sea, te quiero decir algo: **¡NO LO PIENSES, SOLO HAZLO!**

…Ya tengo mis metas por escrito y presentes todo el tiempo ¿Cómo creo mi plan financiero personal?

Bueno, si ya tienes metas claras es momento de diseñar tu plan.

Tu plan financiero personal básicamente consta de 7 elementos:

1. Calibrar
2. Retener
3. Proteger
4. Multiplicar
5. Reinvertir
6. Regresar

7. Disfrutar

Antes de explicar cada uno de los elementos, vuelvo a recalcar que no necesitas ser un especialista o tener un plan muy detallado ni muy técnico, HAZLO YA con lo que tengas, con lo que sepas, con lo que puedas, no esperes más para empezar, en el camino corriges y mejoras pero mientras **¡HAZLO YA!**

1. Calibrando (organizando) mis finanzas:

El objetivo de este primer punto es *calibrar* tus finanzas, esto es medirlas, compararlas y llevarlas al estado óptimo de funcionamiento. O sea llevarlas a tener un excedente bastante cómodo para comenzar a hacer algo diferente. Para ello, debes conocer bien tus números. Lo primero que debes hacer es sentarte y hacer tu **hoja de balance**. Tranquilo(a), que no te asusten las palabras *rimbombantes* de contadores expertos, esto es muy sencillo de hacer, solo debes anotar lo siguiente:

Cuánto ganas (+)

Cuánto gastas (-)

Qué tienes (+)

Qué debes (-)

Listo, con que tengas eso por escrito ya has dado un gran paso. Anótalo en una hoja blanca, en un cuaderno, en tu Tablet, en tu celular, en tu computadora o hasta en una servilleta. No importa dónde pero ¡ANÓTALOS!

Debe ser muy específico. Por ejemplo, si tienes más de un ingreso, anota cada uno en un renglón y al final saca la sumatoria de todos tus ingresos. Haz lo mismo con tus gastos, con lo que tienes y lo que debes.

Adivinaste, no te dejare avanzar en tu lectura si no haces este ejercicio:

Ingresos:

Descripción	Cantidad

Total: $ _____

Lo que tienes:

Descripción	Cantidad

Total: $ _____

Gastos:

Descripción	Cantidad

Total: $ _____

Lo que debes:

Descripción	Cantidad

Total: $ _____

El sentido común (y las clases de contabilidad básica de la universidad) nos dice que la diferencia entre lo que entra y lo que sale o lo que se tiene y lo que se debe tendría que ser positiva, pero, si hiciste este ejercicio con total honestidad y aun no tienes un plan financiero, lo más probable es que ese balance te haya salido negativo o muy cercano a CERO.

Si esto pasó, ya sé cómo te sientes, y no es nada agradable. La primera vez que yo lo hice me tomó dos días salir del *shock* que me causó darme cuenta de mi realidad financiera así que, si necesitas algo de tiempo para asimilarlo, no te preocupes, es completamente entendible. Ve y haz algo divertido o emocionante. Recuerda la razón por la que estás leyendo este libro y haciendo cosas diferentes. ¡Haz que valga la pena pasar por esto!

...

Si sigues leyendo estas líneas quiere decir que, o no estás tan mal en tus finanzas, o has superado la barrera emocional que implica ver lo que no querías ver. En cualquier caso TE FELICITO.

Lo siguiente que debes hacer es incrementar tu **flujo de efectivo** (otra palabra *rimbombante* que solamente es la diferencia entre ingresos y gastos totales). Digamos en 500 dólares extras (o cualquier cantidad que te funcione).

Esto lo consigues de diferentes formas. Aquí te digo algunas estrategias que yo recomiendo de acuerdo a la situación:

- Pagando deudas
- Recortando gastos
- Generando un nuevo ingreso

Depende de lo que quieras hacer hay distintos métodos para cada estrategia. La que yo recomiendo en un inicio, sobre todo para generar nuevos hábitos, es la de recortar tus gastos por medio de hacer presupuestos inteligentes.

Es importante que si vas a usar esta técnica la uses con el conocimiento de que sólo es parte de tu plan, y no es EL plan. Muchas personas se quedan muchos años atrapados en un círculo vicioso de gastar poco pensando que con eso tienen finanzas sanas. Pero lo único que sucede es que pienses en escasez, te vuelvas tacaño y pases todo el tiempo cuidando centavos.

En otros libros te explicaré con detalle cómo hacer un presupuesto inteligente con excedente. También te explicaré distintos planes para salir de deudas en tiempo récord. Y en el siguiente capítulo hablaremos más de este tema.

Bien, sea cual sea el método que decidas utilizar, si ya tienes un mayor flujo de efectivo mes con mes, llegó el momento de pasar al siguiente punto.

2. Retener tu dinero

Este punto no es otra cosa que **AHORRAR**. Aquí te sugiero que comiences a desarrollar un nuevo hábito: el hábito de **pagarte a ti mismo primero**. Esto es algo de suma importancia ya que es la base de la verdadera riqueza.

Si tú aprendes a dejar una pequeña cantidad destinada para tu riqueza antes de pagarle a todos los demás (gastos de casa, deudas, servicios, comida, impuestos, familia, etc.), tendrás más posibilidades a la hora de multiplicar tu dinero y de crear un patrimonio.

Muchos autores sugieren el 10% mínimo, pero yo sé que eso puede ser mucho en un inicio así que comienza con el 1% o con una cantidad que te sea cómoda ahorrar e increméntala poco a poco. También con una frecuencia que te sea cómoda. Tal vez puedes ahorrar un peso diario (o dólar, o rupia, o Euro, o Yen). O tal vez prefieras hacerlo semanal o mensualmente. Lo que más te funcione pero HAZLO YA.

Para complementar este punto, en los próximos dos capítulos trataremos con más detalle el ahorro, el control de gastos y la generación de nuevos ingresos.

3. Protege tu dinero

Debes tener una estrategia de protección para cada peso (pon el nombre de tu moneda) que entra a tu bolsillo. Así mismo, debes proteger todo lo que tenga valor para ti. Empezando obviamente POR TI.

Los grandes empresarios y las personas más prósperas financieramente hablando, cuidan su salud, su vida, su familia y su patrimonio. Y lo hacen de diversas formas.

Aquí te dejo algunos ejemplos de cómo protegerte:

- Seguros de vida e invalidez
- Ahorro para el retiro
- Gastos médicos mayores
- Seguros de responsabilidad civil, accidente y cualquier otro aplicable
- Seguros para tu coche, casa, negocio y cualquier bien que tenga valor
- Testamento
- Registros de marca, derechos de autor y patentes
- Entidades corporativas, asociaciones o sociedades mercantiles
- Estrategias fiscales
- Cajas fuertes o alcancías

Estos son solo algunos ejemplos pero existen muchos más. Debes encontrar los que más se adapten a tus metas, tu actividad y tu situación actual. Recuerda que todo plan es propenso a actualizaciones así que lo que escojas ahora el día de mañana puede cambiar.

Te invito a que enlistes otros 5 que se te ocurran:

-
-
-
-
-

De esto también hablaremos en capítulos posteriores.

4. Multiplicar tu dinero

Aquí es donde comienza a ponerse interesante porque los tres primeros puntos son relativamente fáciles de conseguir puesto que no necesitas habilidades especiales ni experiencia previa, solo necesitas un poco de criterio al momento de decidir qué es lo que más te conviene y algo de disciplina para llevar a cabo tu plan de calibración, retención y protección.

Sin embargo, multiplicar tu dinero te demanda algo más que eso. Llegaste al punto en que ya tienes excedente de dinero (no digo que seas adinerado(a), digo que ganas más de lo que gastas), felicidades, pero ahí no acaba todo. Ahora debes aprender a hacer que el dinero trabaje para ti.

Lo primero que debes hacer es conocer cuál es tu perfil de inversionista. Esto te dará una pauta de a dónde dirigir tu dinero.

Para ello sugiero que respondas las siguientes preguntas:

1. ¿Estás dispuesto(a) a perder la totalidad de tu dinero?, de no ser así, ¿cuánto sería lo máximo que tolerarías perder?
2. ¿Prefieres hacerte cargo tú de multiplicar tu dinero (lo cual implica estudiar, aprender, pedir ayuda, invertir tiempo) o delegar a alguien más?
3. ¿Prefieres alto rendimiento con alto riesgo, rendimiento moderado con bajo riesgo o rendimiento bajo sin riesgo?

Según tus respuestas puedes entonces decidir alguno de los siguientes instrumentos que yo te sugiero para multiplicar/invertir tu dinero de acuerdo al nivel de tolerancia al riesgo, tus necesidades financieras y de conocimiento:

- Fondos de inversión
- Préstamos personales
- Comercio (compra y venta)
- Multinivel o Mercadeo en Red
- Pequeños negocios
- Ventas por internet
- Bienes Raíces (en su infinidad de gamas de inversión)
- Freelancer/Proveedor de servicios especializados
- Bolsa de valores (en su infinidad de gamas de inversión)
- Compra y venta de metales, divisas, arte, materias prima, etc.
- Financiamiento a *startups* (negocios nuevos)
- Licencias de registro de marcas, inventos, patentes o avisos comerciales
- Desarrollar *infoproductos*, libros y/o aplicaciones móviles

Anota al menos otras 3 ideas propias:

-

Estos son solo algunos ejemplos de cómo puedes multiplicar tu dinero adicional a lo que actualmente haces. Escoge una o varias que a ti te funcionen y comienza ya cuando menos a investigar qué necesitas para iniciar con una esta misma semana.

Sugiero que empieces con las más simples y fáciles de hacer. Las que te tomen menos tiempo, menos procesos y menos decisiones complejas que tomar. Lo más importante te es que empieces ya, con lo que tienes y con lo que sabes.

En los próximos capítulos encontrarás más ideas y estrategias para multiplicar tu dinero así que no profundizaré en esto ahora.

5. Re invertir tu dinero - la clave de la riqueza perpetua

Bien, estamos entrando al punto MÁS importante de tu plan financiero personal. Es aquí donde se crea la verdadera riqueza financiera, pero no puedes llegar a este punto sin haber pasado por todos los demás.

La clave en la reinversión está en hacerlo de manera inteligente, escalonada, sin apegos emocionales ni ego. Sugiero que mantengas las cosas muy simples. Esto es, fija metas cortas, fáciles de conseguir, sumamente alcanzables y realizables en corto tiempo.

Pongamos un ejemplo, digamos que con base en el cuestionario de tu perfil descubres que no estás dispuesto(a) a perder dinero y no tienes mucho tiempo para aprender nuevas formas de multiplicarlo, entonces decides comenzar a invertir tu dinero en algo "seguro" (prácticamente nada es seguro pero si hay opciones con riesgos muy moderados, casi nulos) como los fondos de inversión. Ese sería el CÓMO.

El QUÉ en este caso es algo ambiguo puesto que lo que quieres es multiplicar tu dinero aunque no sepas en cuanto porque apenas estas empezando así que dejémoslo así.

Ahora debes investigar CUÁNTO te cuesta iniciar, cuanto vas a destinar a este instrumento y cuánto tiempo lo dejarás ahí. Para eso tu tarea es conocer las distintas empresas que te ofrecen dicho servicio y escoger la que más te convenga tomando en cuenta todas tus necesidades y objetivos.

Supongamos que decides invertir 1,000 dólares. Recuerda que este capital va dirigido a invertir y como tal no lo debes necesitar para tus gastos de vida.

Lo último por hacer es COMENZAR. Invierte tu dinero, haz la transferencia, llena el formulario, ve y firma el contrato, hazlo sin miedo (o a pesar de tu miedo) y continúa el proceso hasta el final. No te preocupes si lo pierdes, estas pagando por aprendizaje, eso es lo más valioso.

Bien, avancemos en el tiempo y digamos que ya pasó un periodo determinado y tus mil dólares ahora son mil cien ($1,100) dólares, el 10% de rendimiento. Puedes reinvertir nuevamente el 100% en el mismo instrumento o sacarlo e invertir en algún otro. O puedes hacer una combinación como reinvertir nuevamente 1,000 dólares en el mismo lugar y sacar los 100 de ganancia para invertirlos en otro lugar con más riesgo o cualquier combinación que te funcione.

Aquí lo más importante no es ganar dinero sino APRENDER nuevas formas de ganar dinero y ACTIVAR el ciclo de generación de riqueza perpetua en tu vida.

Conforme vayas avanzando en tu proceso los instrumentos que escogerás serán cada vez más sofisticados. En algún momento puedes requerir apoyo especializado o tal vez requerir algún asistente o asesor para llevar tus asuntos financieros en orden. También te va a tocar entrar en temas legales, fiscales y de otras índoles. En pocas palabras vas a meterte en problemas de dinero que antes no tenías.

Decía Robert Kiyosaki en su serie de libros: *"no tener dinero te da muchos problemas, pero tener dinero te da aún más problemas"*.

Al comenzar a tener otro tipo de ingresos te estas metiendo en otro tipo de problemas pero ¿qué prefieres, tener los problemas de tener mucho dinero o de no tener suficiente dinero?

¿Y cuánto reinvierto?...

Dicen que los empresarios orientales (sobre todo los japoneses) reinvierten el total de sus utilidades los primeros 20 años y hasta después comienzan a repartirlas entre los dueños. Esto resulta poco menos que imposible para la mayoría de los occidentales. Sobre todo por el tipo de educación y cultura que llevamos respecto al dinero, los negocios y las inversiones. La mayoría de nosotros no estamos educados para "retrasar la gratificación", queremos todo y lo queremos ya.

Una solución intermedia sería que al menos el primer año reinviertas el 100% de tus utilidades. Y algo que te va a ayudar a acelerar tu proceso es que cada mes inviertas un poco más, no solo "juegues" con tus utilidades sino que le inyectes dinero a tus inversiones cada mes, al cabo que ya tienes el hábito de pagarte a ti primero. No importa si es en el mismo instrumento o en algún otro, la idea es que incrementes tu capital de inversión para incrementar tu patrimonio.

A partir del segundo año puedes sacar algo para ti, podría ser 90% reinversión y 10% para ti y así sucesivamente hasta que cobres para ti el 90% (máximo sugerido) o 100% de tus utilidades y eso te dé para vivir bien sin la necesidad trabajar.

Te vuelvo a repetir esta última idea con otras palabras: **el objetivo de la reinversión es que tu dinero trabaje para pagar tu estilo de vida y tú no necesites trabajar por el dinero de tu supervivencia.**

6. Regresar algo al mundo (CARIDAD)

Todos los autores de negocios, finanzas y riqueza te han sugerido esto y no puedo estar más de acuerdo. Si ya estas teniendo utilidades de tus inversiones, es un deber espiritual, social, moral o como quieras verlo, regresar algo de eso al mundo.

Existen muchas formas de hacerlo. Puedes fundar una asociación sin fines de lucro, donar a alguna asociación, institución o comunidad ya establecida con la que sientas afinidad, dar dinero en la calle, organizar eventos de beneficencia, donar tu tiempo a alguna causa de tu interés o cualquier otra idea que se te ocurra.

Lo más importante de esto es que te vuelvas socialmente responsable. Y no que lo hagas como requisito sino que de verdad entiendas tu responsabilidad como parte integral de este mundo conectado con todo lo que habita en él.

Hay personas que no tienen acceso a recursos como este libro y que necesitan de ti, que ya has abierto los ojos, para que les des luz. Tú has sido bendecido con un ingreso, un nivel de vida aceptable, un hogar que te ayudó a forjar la persona de valores que hoy eres, es tu deber moral hacer extensiva esta bendición a otros.

Para algunos la bendición será que les des dinero, para otros tu tiempo, para otros un poco de comida o un vaso con agua. Incluso puedes hacer algo muy básico como barrer más allá del frente de tu casa o tu jardín, puedes empezar por separar tu basura o al menos no tirarla en la calle. También por ahorrar agua en casa con duchas cortas

o no pedir tantas bolsas de plástico en el supermercado o pajillas para tus bebidas en los restaurantes. Sea cual sea el caso que se te presente para regresar las bendiciones al mundo, hazlo de corazón.

Aquí también importa lo que hemos venido diciendo en todo el libro, ¡HAZLO YA! No esperes a encontrar la mejor forma o la más correcta o a tener "mucho" dinero (¿cuánto es mucho?) para hacerlo. Empieza ya, empieza hoy, con lo que tengas y con lo que sepas. El único requisito es que lo hagas de corazón.

No te preocupes tampoco por cuánto dinero darás o cuánto tiempo donaras. Lo que sea es suficiente mientras lo hagas de corazón.

Te dejo una frase que me ha impactado desde que la escuché: *"La cantidad de dinero que ganes va directamente relacionada con la cantidad de personas que ayudes"*

7. Disfrútalo

Al igual que en el tema anterior, este tampoco implica gran conocimiento o planificación, tiene todo que ver con actitud y sentido común.

El éxito en la ejecución del plan financiero que acabas de crear debe ser algo que disfrutes hacer y para ello quiero hacer una gran distinción entre ÉXITO y FELICIDAD.

Éxito es conseguir aquello que te propones. Felicidad es DISFRUTAR el camino mientras logras aquello que te propones.

Crea tu plan de tal manera que te permita tener éxito y ser feliz al mismo tiempo.

Todos conocemos historias de personas adineradas y con un gran éxito profesional y financiero pero que son un desastre en sus relaciones personales o en su salud o en su espiritualidad. Nunca olvides que eres un ser de 4 dimensiones: física, emocional, mental y espiritual. Si no tienes armonía en estas 4 áreas nunca podrás tener verdadera riqueza y abundancia.

Este libro trata de riqueza financiera (plano físico), pero nunca serás rico financieramente hablando si no armonizas las 4 dimensiones de tu ser.

El momento en el que sientas que estás siendo relegado por tus amistades o familiares o si tu salud física o espiritual se está viendo afectada, es momento de poner un alto. Sino lo haces tú de manera consciente, tu subconsciente se encargará de ponerlo (y tal vez de una manera nada agradable).

Más vale perder dinero que perder la salud o el amor de tus seres queridos. Nunca olvides porque iniciaste tu plan financiero personal. Te prometo que el objetivo final NUNCA fue solamente tener más dinero, sino las posibilidades que tener mucho dinero te puede dar. Y esas posibilidades sabes que van más allá de volverte una "máquina de hacer dinero".

...

Con esto hemos visto ya los 7 elementos necesarios para crear tu plan financiero personal. Ahora depende de ti tener éxito y ser feliz en la ejecución.

La razón por la que puse las comillas en la palabra "perfección" cuando la usé al principio de este capítulo, es porque ningún plan es *perfecto* ni te funciona a la *perfección*, todos los planes están sujetos a cambiar, o incluso cancelarse sobre la marcha. Debes tener el desapego y el *feeling* de saber cuándo cambiar de estrategia o, incluso, abandonarla.

Te repito las palabras que te dije casi al inicio: NO HAY PLAN INFALIBLE, NO HAY FÓRMULAS SECRETAS... la única forma de saber si un plan va a funcionar es EJECUTÁNDOLO.

No pierdas tanto tiempo en la planeación, ocupa tu tiempo en la acción. Recuerda, ACCIÓN MASIVA INMEDIATA e IMPERFECTA. No importa si tienes todo en orden, SOLO ACCIONA Y YA. El orden vendrá, los resultados vendrán, EL

DINERO LLEGARÁ... tu sólo sigue moviéndote, trabajando, organizándote y generando. Vuélvete un generador de resultados imperfectos y no un perfecto planificador sin resultados.

Quiero terminar este capítulo con una historia:

Estaban dos vecinos platicando afuera de su casa y un vecino le dice al otro viendo a su perro echado y quejándose por algo:

- **"¿Por qué está llorando tu perro?"**
- *"Es que la madera donde está tiene un clavo salido que lo lastima y eso le molesta mucho"*
- **"¿Y por qué no se mueve?"**
- *"Porque no le ha dolido lo suficiente"*

Espero que haber comprado este libro sea porque ya te dolió lo suficiente y estás listo(a) para moverte a un lugar de riqueza y felicidad. También espero que al leernos encuentres lo que estabas buscando, y si no, te invito a que no te detengas en tu búsqueda.

Me encantaría conocerte, saber tu historia, saber dónde te duele, saber cómo te puedo ayudar, saber qué retos tienes por vencer y que sepas que no estás solo(a).

Capítulo 6. ¿Cómo generar más ingresos? y aspectos fiscales a considerar.

por Rosa García Calixto

Hola es un gusto y un placer poder compartir contigo en este capítulo temas que debemos de considerar en el momento en que decidamos tener fuentes de ingresos adicionales a las que ya tenemos como puede ser nuestro trabajo o negocio actual.

Antes de entrar en materia es necesario considerar ¿Qué es un ingreso?

Ingreso: Son las cantidades de dinero que recibes ya sea de tu empleo, negocio, inversión. Para resumir diremos que es toda aquella cantidad de dinero que entra a tu bolsa u se tiene que provenir de cualquier actividad lícita.

Ahora ¿Qué opciones tenemos?

Los ingresos pueden obtenerse a través de varias fuentes como son:

Prestar un servicio personal subordinado, esto quiere decir que se cuenta un empleo formal y que su patrón (o el representante legal de este) al terminar la semana o la quincena, le hace entrega su pago, pudiendo ser en algunos casos en efectivo, pero en la actualidad la mayoría de los pagos se hacen vía electrónica, a través del portal bancario con el cual se haya contratado el servicio. En este caso el patrón es el que está obligado a retener al empleado la parte proporcional del impuesto que al trabajador le corresponda pagar y entregarlos (pagarlo) a la entidad recaudadora de la cual se trate, para el caso de México el organismo encargado es el Sistema de Administración Tributaria (SAT).

Contar con algún negocio, en este caso existen de dos tipos los pequeños que pueden formados por varios familiares o hasta por un grupo de amigos; o aquellos que funcionan solo con una persona o dueño y este es el que se encarga del manejo total del negocio.

También está los negocios que son formados por dos o más personas llamadas accionistas son las que llamamos empresas. Según las leyes mexicanas deben formar una sociedad constituida a través de un acta constitutiva la cual debe de quedar registrada ante notario público. El acta constitutiva de una empresa es donde se establecen los estatutos, es decir; es un documento oficial donde se plasma toda la información legal de la empresa, el nombre que tendrá, el tipo de sociedad, en México la más común es la sociedad anónima de capital variable, que se representa con las siglas: S.A. de C.V., pero no es la única forma de crear una empresa. Te recomiendo que en base a lo que desees hacer revises todos los tipos de sociedades que existen en México. El nombre los socios, porcentaje de participación de los mismos, ¿qué aportan? (en dinero o especie), ¿cuánto aportan?, momento en que serán pagadas dichas aportaciones a la sociedad, el domicilio fiscal, giro de la empresa, condiciones para aceptar más socios: mexicanos o extranjeros, manejo de las cuentas bancarias, nombrar a los miembros de la junta de gobierno, el consejo de administración, momento en se llevarán a cabo asambleas ordinarias y extraordinarias ¿qué asuntos se tratarán? en cada una de ellas para decidir ¿Cuáles son la decisiones que se tomarán?. En otras palabras, se convierte en la radiografía del ¿Qué? ¿Cuándo? ¿Dónde? ¿Quién? ¿Cómo? Se hará todo lo necesario para el funcionamiento de la empresa. También debe estar definida la misión de la misma y el objeto de su existencia. De igual forma en algún momento determinado puede servir –el acta constitutiva- como medio de defensa ya sea ante una autoridad administrativa o fiscal, eso dependerá de la redacción de la misma.

Mi recomendación es, que te vayas con todo el aplomo y calma del mundo, tomate o tómense tú y tus socios, todo el tiempo que sea necesario, para analizar y detallar toda la operación de su empresa. Es necesario establecer el organigrama de la empresa, hacer manuales y el diagrama flujo que contengan todas la operaciones y procesos necesarios que se llevarán a cabo, es de suma importancia que conozcan a fondo todo lo que se disponen a hacer, ya que de esto depende el buen funcionamiento y desempeño de la empresa que piensan crear. De igual forma si en algún momento deciden en disolver o terminar con la sociedad, también debe quedar asentado ¿Cómo lo harán? ya que de esto depende el no tener demasiados contratiempos en el momento en que decidan liquidar o disolver la sociedad. Si por algún motivo algo no llegó a considerarse se puede hacer en una asamblea ordinaria o extraordinaria, los cambios o ajustes necesarios a los estatutos, sólo que habrá que hacerla con los socios tal y como se haya estipulado en estos y acudir ante el notario público a protocolizar el acta de la asamblea celebrada, es mejor que te acostumbres a ser previsor antes de tomar una decisión es mucho mejor.

En el acta constitutiva también se determina la duración de la sociedad –el tiempo en años-, que se piensa durará la sociedad, generalmente queda abierta a 99 años, si los socios no disponen otra cosa y lo más, más, más importante de todo es nombrar al representante legal, porque es la persona que como su nombre lo dice será la encargada de representar a la empresa ante distintas autoridades fiscales y administrativas. Muchas de las veces en pequeñas empresas son conformadas por amigos o familiares y la persona designada como la que la representa cometen delitos aprovechándose del abuso de confianza. O por desconocimiento alguien puede aceptar el cargo y al final es la persona que se queda con los problemas de la sociedad. Así es que si alguien te propone ser representante legal de una sociedad, también investiga todo al respecto de, ya que todo conlleva a obligaciones con las autoridades y si no se cumplen con estas tal cual lo marca la ley puede haber sanciones bastante drásticas en contra tuya.

Tener un bien inmueble y rentarlo, este implica un riesgo mucho menor. Tienes que contar el título de propiedad a tu nombre. Para demostrar que eres el dueño legítimo de ese edificio, casa, local o terreno y lo tanto lo puedes otorgar en arrendamiento a través de un contrato. Puedes asegurarte un ingreso mes con mes, solo la realización de esta inversión es a largo plazo y el capital que inviertas al adquirirla tardará algunos años en regresar a tus manos. A menos de que se trate de alguna herencia. De cualquier forma el título de propiedad que da testimonio de que la propiedad es tuya, hay que tramitarla y pagarla ante un notario público.

Estas son las tres fuentes de ingresos más comunes que existen en nuestro país. Podemos tener algunos otras opciones, como son:

Intereses ganados en inversiones: es una de las formas más sencillas de acceder a inversiones de corto plazo y obtener y rendimiento por tu capital invertido. A través de los depósitos bancarios. Si bien las ganancias pueden ser inferiores en relación a otras inversiones, quien deposita tiene la certeza que será devuelto todo su capital inicial, es decir que no existe la posibilidad de tener pérdidas. Además si son depósitos a corto plazo es posible de retirar el dinero en cualquier momento, permitiendo otras inversiones en el momento que se presenten.

Lo que me gustaría agregar aquí, es que estas formas son las tradicionales de tener un ingreso semanal, quincenal o mensual. Pero ahora con el uso extendido de internet apalancándote de la tecnología se abre un universo de infinito de posibilidades de generar más ingresos infinitos ¡de lujo! ¿no?

Quizás de hecho ya te encuentres vendiendo tus productos y/o servicios en un sitio web propio o te apoyes de plataformas que permiten a los usuarios comprar y vender gran variedad de productos, que son totalmente accesibles y que representan un bajo costo para quien paga el uso de la plataforma.

Esta opción es mi favorita, porque tienes una infinidad de recursos tecnológicos y los puedes poner a trabajar para ti y producir $$$ mientras duermes, caminas, disfrutas de estar con tu familia o mientras realizas tu actividad favorita. Después de haber automatizado algún sistema de ventas o creado algún producto que te generando ingresos adicionales en forma constante y sonante. ¡Genial! La era de la súper carretera de la información llegó, es para todos y corre a la velocidad de la luz y lo mejor de todo la puedes aprovechar y utilizarla a tu favor ¿ves porque me encanta?

¿Cuáles son los retos?

Hay todo tipo de retos, el primero va a estar en que te haga "click" la idea en la mente de lo que te estoy diciendo ¿te gustaría hacerlo? ¿Qué te parece la idea? ¿ya tienes un producto? ¿no lo tienes? ¿Cuáles es tu decisión? después de tu decisión ¿Qué acción tomarás? Y una vez, que digas ¡va!, estoy listo y preparado ¡me encanta la idea!, de crear uno o varios productos en línea vendiendo, tener una caja registradora de ingresos automática que este sonando cada vez que alguien lo compra y así contar con un ingreso extra automatizado y poder hacer todo tipo de pagos pendientes o los que tengas que hacer mes con mes, ya no estarías pensando la forma de pagarlos o solicitando préstamos o igual quieras hacer algunos cambios en tu casa o quieras unas vacaciones. Cualquier cosa que tengas pensado hacer y no sabes ¿Cómo? Puedes apalancarte de internet y herramientas accesibles a todo el mundo.

Te vas a encontrar muchos retos por el camino, pero el tener una máquina (o varias máquinas) haciendo dinero para ti, bien valdrá la pena. Tan solo observa hasta el entusiasmo de la redacción cambio, porque mis párrafos redactados al principio te suenan al período industrial todo era igual de parco y sin para ¿dónde hacerse?, aquí para empezar tienes que ser tú y tienes total libertad de decidir todo, ¿qué harás?, ¿cómo lo harás?, el tiempo exacto en que quieres hacer las cosas, en la nueva era ¡ERES TÚ!, por eso el agregar valor, el manejo de la sensibilidad y la empatía se vuelven realmente importantes.

Ahora bien, todo ingreso tiene que pagar un impuesto ¿esto porque?

Y nos regresamos un poco al período industrial, esto es solo para ayudarte a decidir y sepas que hacer, quizás no te mueva en lo más mínimo, pero ni siquiera saber de internet y quieras mejor un negocio off-line (fuera de línea), cosa totalmente válida. Nada está bien o está mal, además de que puedes moverte perfectamente en on-line (en línea) u off-line o igual crear un producto híbrido y te encuentres en ambos lados.

En México la ley suprema de todos los mexicanos y de la que se desprenden todas las demás leyes es la Constitución Política de los Estados Unidos Mexicanos y en su artículo 31 fracción IV señala, que es obligación de los mexicanos. Contribuir para los gastos públicos, así como de la Federación, como del Distrito Federal o del Estado y Municipio en que residan, de la manera proporcional y equitativa que dispongan las leyes y en cada uno de los países existirá un fundamento que le permita al estado hacerse de los recursos necesarios para cubrir el gasto público. Es decir aquí nace la obligación de pago de impuestos.

Para efectos de comercio internacional debemos tomar en cuenta todos los tratados internacionales, para evitar la doble tributación. ¿Qué quiere decir esto? evitar que se paguen impuestos en México y que se vuelvan a pagar en el extranjero, eso significa que estas pagando impuestos en ambos países; por lo que los países pactan acuerdos y tratados para evitarlo.

Ahora bien, si todo ingreso paga un impuesto ¿Qué tengo yo a mi favor?

Tratándose de hacer negocios por internet, en realidad todavía no se encuentra muy bien regulado, lo que si puede pasar. Es que para que tus clientes te realicen los pagos por sus compras será necesario que abras una cuenta en el banco. en México los bancos están obligados a entregar un reporte mensual por todas las operaciones realizadas de sus clientes y básicamente la información que le interesa saber es el monto de los depósitos que tengas a tu nombre. Para la secretaría de administración tributaria (SAT), cualquier depósito realizado en tu cuenta es un ingreso, hasta que le demuestres lo contrario, es la única razón por la que te pudieran solicitar que les aclares a que corresponden esos depósitos.

En este punto si me gustaría que tengas comprendido como es que ahora se fiscaliza a través de los bancos, porque aunque no cuentes con tu registro federal de contribuyentes, que lo tramitas directamente en las oficinas del SAT, ocurre lo siguiente.

Los bancos por ley están obligados a informar al SAT de todas las operaciones realizadas por sus clientes, tienen que entregar un reporte mensual, de esta forma el SAT tiene conocimiento también de todos los depósitos que haces ya sea en una tarjeta de crédito, de débito, de cheques, operaciones bancarias que realizas. Es más supongamos que te quieres registrar ante el SAT has decidido poner un negocio o donde entrarás a trabajar y te están solicitando que les lleves tu registro federal de contribuyentes -ya sea que te paguen por nómina u honorarios- necesitas emitir comprobantes fiscales digitales (facturas o recibos), entras a la página del SAT por internet, solicitas una cita para realizar el trámite de Inscripción al RFC, escoges la oficina que mejor te acomode, el día y hora en que haya un lugar disponible, y entre los requisitos con los cuales debes de acudir el día de tu cita es: el comprobante de domicilio y tú no tienes ninguno de los comprobantes acostumbrados, recibo de luz, teléfono o predial. ¿pues qué crees? Si no cuentas con ningún comprobante de los antes mencionados, te aceptan el estado de cuenta del banco a tu nombre ¿te das cuenta? Hasta qué punto la autoridad fiscal tiene el control, ayer una clienta me preguntaba bueno ¿Qué ya les tengo que preguntar? ¿de qué color me voy a vestir hoy? Por esto es necesario que cuentes con un profesional bien acreditado en el área fiscal que te asesore, para evitar errores y sanciones que regularmente son monetarias e igual por no saber se puede complicar más.

Existen algunas operaciones normales realizadas diariamente y que no implican, evasión fiscal como en los siguientes casos:

Caso 1

Un estudiante que vive en Campeche, decide venir a la ciudad de México a estudiar, es lógico que está dedicado a estudiar y no trabaja, por lo tanto sus padres le hacen depósitos o trasferencias bancarias para cubrir los gastos que implican, tanto su estancia en la ciudad de México, como los gastos por estudiar, esos no son ingresos que tengan que pagar algún impuesto, en caso de ser necesario, cuando la autoridad requiera comprobar ¿porque dichos depósitos? sólo se tiene   que comprobar la procedencia de ese dinero. A este tipo de depósitos se les conoce como donación en línea recta ascendente o descendente, solo son remesas de dinero, entre padres e hijos o al contrario. De una persona que sus padres vivan en Yucatán y él vive en Baja California y sea el sostén económico de sus padres, por lo tanto les hace depósitos a la cuenta de uno ellos para cubrir sus gastos, también es donación y no tienen ¿por qué? pagar algún impuesto, en este punto se consideran todas las remesas enviadas desde el extranjero a los familiares establecidos en territorio nacional.

Caso 2

El manejo de las tarjetas de crédito, igual no tienes el registro federal de contribuyentes, no tienes por qué emitir algún comprobante fiscal, no manejas alguna cuenta de débito o de cheques (el cheque cada vez se usa menos) con el banco, pero ¡oh! ¡sorpresa! tienes una tarjeta de crédito con la cual realizas pagos mensuales, depende del monto pero es claro que entre más altos sean los montos llamarás la atención de la autoridad, si no tienes reportada ninguna fuente de ingresos, tendrás que comprobar de donde obtienes el dinero para realizar dichos pagos, si no lo demuestras la autoridad también te dirá son ingresos omitidos, procederá a imponerte una multa por evasión fiscal y de igual forma te hará el cálculo para que pagues el impuesto correspondiente. Como te lo mencioné en líneas más arriba dado el caso es importante que acudas con un profesional para que te verifique el cálculo y que no pagues más de lo que te corresponde, muchas de las veces la autoridad calcula montos mayores a pagar de lo que te corresponde.

Una forma perfectamente comprobable de porque tienes dinero para pagar una tarjeta de crédito, aplica lo del caso uno, o tus padres la pagan o tus hijos la pagan. La otra es que tu esposo es el que trabaja, y que tú eres ama de casa, ingresos propios no tienes, tu esposo es quién cubre los gastos del hogar y por facilidad de hacer las compras tienes una tarjeta de crédito.

También existe otro concepto que se llama discrepancia fiscal y que ¿significa esto? Bien vamos poniendo el asunto sobre la mesa.

De hecho el caso de la tarjeta de crédito que pagas y no tienes una fuente de ingreso es un ejemplo de discrepancia fiscal.

Otro caso puede ser que estás cumpliendo con todos los trámites a que te obliga la ley para poner un negocio, supongamos que te diste de alta como persona física con actividad empresarial, tú eres el dueño y manejas toda la administración, tienes una cuenta bancaria para tus operaciones normales, pagos a proveedores y los depósitos de los clientes, emites tus comprobantes digitales, decidiste ahorrarte a un proveedor que proporciona los servicios de la emisión de facturas y lo haces a través del portal del SAT, guardas todos los comprobantes digitales en un archivo especial en tu computadora y haces respaldos de la información diariamente para cualquier eventualidad, tienes bien claro que de hecho los gastos perfectamente deducibles son aquellos que tienen relación directa con los gastos que efectúes, para poder llevar a cabo la venta de tu producto o servicio y el deducible es el archivo digital, por lo que tienes especial cuidado en su resguardo, para cuando se llegará a dar cualquier revisión de la autoridad, no te rechacen gastos y te hagan pagar impuestos que no te corresponden, -si, solo tienes solo la factura en papel para comprobar a la autoridad no sirve-. Aunque el SAT es el organismos encargado directo sellar los comprobantes y proporcionarnos la cadena digital y puede ser que hasta los tenga en sus bases de datos, créeme es una de tus obligaciones tenerlos, contrataste contador que mes con mes te hace el cálculo de los impuestos y los pagas en tiempo y forma ¡excelente! todo camina de maravilla ¿no?

Pero ¿Qué crees? Durante el mes tuviste una emergencia, en ese momento una operación urgente de tu esposa o de tu hijo y no contabas con los recursos necesarios para hacerle frente a la situación, por lo que le solicitaste ayuda a una amigo que te prestara cierta cantidad de dinero, por la rapidez de los eventos, no tuviste tiempo de comentarlo con el contador o igual ni siquiera los pensaste que una situación tan personal y grave lo tenías que comentar con él y tu amigo presta y deposita en la cuenta en la cual manejas el negocio $250,000.00 para la operación urgente de tu esposa o hijo. Entre el negocio, el hospital y la rehabilitación de tu esposa o hijo, se pasa el mes, el estado de cuenta aún no te ha llegado, no hablas con el contador del préstamo que te hicieron, él hace su trabajo pero no está enterado de todos los acontecimientos, hace su cálculo te lo entrega vía correo y tú haces el pago del impuesto correspondiente. ¿Qué crees que paso? Que presento la declaración con la operación normal que has venido tenido teniendo los últimos meses, no considero los $250,000.00 no emitiste ninguna factura facturado, él siempre ha bajado los comprobantes tanto emitidos como recibidos, de la página del SAT porque ha tenido el especial cuidado de irte guiando y saben cómo trabajan ambas partes. Pero él desconoce totalmente por lo que pasaste el último mes, por la carga de trabajo, ya no contacto contigo y tú tampoco lo hiciste o igual y si, pero no le dijiste del préstamo. Esos $250,000.00 aparecen en tu estado de cuenta como depósitos por arriba de lo facturado, no están declarados, el contador solo considero $185,000.00 de las facturas emitidas, porque esa diferencia representa una discrepancia fiscal, es decir si no le informas a la autoridad porque tiene ese depósito en tu cuenta, ella de entrada lo toma como ingreso y entonces dice: discrepancia fiscal de ¿Dónde? O ¿Por qué esta? ¿Ese dinero en tu cuenta? Y además no declarado, si lo sumas a los ingresos y pagas los impuestos que si en realidad fueran ingresos te correspondería, te prometo que la autoridad feliz, no dice nada, pero ¡aguas! Con todo lo que este depositado en tu cuenta y no esté declarado o informado por que viene sobre de ti.

A partir del año 2015, el medio con que cuenta el SAT, para dar cualquier aviso o requerir a los contribuyentes, ya sea persona física o moral es a través del buzón tributario, el cual está disponible en su portal las 24 horas del día, ingresas a través de la herramienta de mi portal, ahí te enviará requerimiento solicitando que justifiques esos $250,000.00 ¿de qué son? ¿Por qué no pagaste impuesto? Tienes 3 días para verlo, si lo no viste por cualquier, razón, motivo o circunstancia la autoridad te da por notificado. ¿Qué sucede entonces? Empiezan a correr los días de calendario hábiles para demostrarle a la autoridad que no omitiste ingresos, que es un préstamo que te hicieron por una eventualidad, se te pasan los días y vence el plazo, la autoridad entonces procede a imponerte las sanciones correspondientes por un descuido que le comentaste a contador.

Como podrás darte cuenta no hay ni para donde hacerse, así que es mejor hacer las cosas bien desde el principio. La autoridad ya tiene un montón de candados y mecanismos de control, que si antes podría tardar años en requerirte hoy por hoy, las cosas son bastantes rápidas. Hasta en la presentación de declaraciones, si no las presentas a más tardar el día 17, del mes siguiente a aquel en que corresponda pagar, ya te está enviando avisos no solo al buzón fiscal, sino hasta un mensaje en tu celular te envía.

Después del nutrido "breviario" cultural continúenos, debes de saber que hay de dos sopas, si eres empleado o si tienes una empresa, comencemos por la empresa.

Consideremos el concepto de gastos deducibles: son todos aquellos gastos que hemos realizado para producir un bien o servicio y por lo tanto se lo podemos restar al total ingresos.

Aclaremos un gasto es cualquier salida de dinero. Los gastos deducibles son aquellos que realizas solo para que la operación de tu negocio sea posible.

Cada giro de negocio o empresa es diferente, por lo tanto los gastos deducibles, son diferentes para cada uno de ellos. Después de restar dichos gastos a los ingresos es como las empresas pagan sus impuestos.

¿Qué pasa si tengo un empleo?

Las personas que obtienen sus ingresos a través de un empleo, el patrón es el obligado de calcular el impuesto exactamente de lo forma contraria, es decir; de su pago semanal o quincenal o hasta en pagos por evento como es en el caso de los honorarios –en este caso no hay patrón, pero si un intercambio de servicio prestado-. Al total del ingreso ganado (sin deducción de gastos), se le calcula el impuesto y el patrón en ese momento le hace la retención correspondiente, aún que el empleado ni siquiera ha tenido acceso al fruto de su trabajo, el solo recibe el neto.

Capítulo 7. Inversión, ahorro y protección.

por Armando Valencia Madrid

¿Qué productos cubren todos estos aspectos?

Lo primero que se te viene a la mente cuando empezamos a hablar de inversión es que debes tener cantidades exorbitantes en tus cuentas para poder generar más o en su defecto, para que tu dinero trabaje para ti. Esa es una idea que en algún lado te generaste y te ha llevado a no tomar una decisión. Cuándo escuchas la palabra inversionista ¿en quién piensas? ¿En los multimillonarios del mundo? ¿Sí? ¡Perfecto! Y por consiguiente piensas que para poder ser como ellos debes invertir como ellos ¿correcto?

Hoy en día hay diversos productos que te permiten, no ser como ellos, pero si invertir como ellos o al menos con ellos. ¿Cuándo has visto que Slim se haga menos rico? Exacto. Entonces ¿por qué no utilizar eso para generar buenos rendimientos para ti? Pero entonces, volvemos a la parte del capital que voy a invertir, tiene que ser mucho para que yo pueda hacer eso. La verdad es que no, todo va a depender de que tú elijas el instrumento adecuado que te permita generar ese rendimiento con solo un poco de capital. Me gusta utilizar mucho esta frase: *"montos de ahorrador, rendimientos de inversionista"*.

Te gusta cómo suena, ¿verdad? Conforme vayamos avanzando en este capítulo, te iré llevando de la mano para que tú sepas identificar este tipo de soluciones que nos permite a nosotros, mortales, poner a trabajar nuestro dinero para nosotros. Como bien se mencionó en los primeros capítulos de este libro, va a haber una serie de paradigmas que vas a tener que cambiar para que esto pueda funcionar para ti. Te diré algunos, más adelante, que considero que son importantes para la toma de decisión al utilizar productos como estos, ya que gran parte de este tipo de productos, son intangibles, es decir, no los vas a ver, hasta el día que tengas que utilizarlos.

En el proceso te van a pasar miles de preguntas por la cabeza que espero ir resolviendo por completo. Podemos marcar esta, la de si necesitas mucho dinero para invertir como la primera resuelta.

Estos productos… ¿dónde están?

Esa, es una buena pregunta. Este tipo de productos financieros no son los que te ofrecen en un banco o en algún otro lado porque la realidad es que nadie los busca. Por ejemplo, una tarjeta de crédito, la gente va a los bancos por ellas como si fueran pan caliente. Pero pregúntale al asesor del banco, ¿cuántos le preguntan por hacer un ahorro? Nadie. La cultura del ahorro en México es bastante mala, entonces la publicidad hacia este tipo de productos no funciona como con otros.

Una forma sencilla de enterarse de ellos, es por medio de tus amigos o tus compañeros de trabajo. Si, a través de ellos. Coméntales que tienes esa curiosidad de saber dónde puedes ahorrar de forma eficiente tu dinero o poner a trabajar tu dinero para ti. Habrá quienes te digan lo contrario a lo que ya hablamos antes, que necesitas mucho capital, pero ya de entrada vas a saber que ese amigo o compañero de trabajo no sabe de lo que te está hablando. Pero por ahí puede haber uno que ya está haciendo algo así y que puede recomendarte con su asesor financiero o patrimonial. El negocio de la asesoría financiera así se mueve, a base de referidos, así que si por ahí un amigo tuyo ya te refirió con algún asesor financiero, agradécele. Porque él ve algo en ti, que no ve en otras personas y cree que tú puedes verte beneficiado de contar con esa asesoría. Una buena herramienta también, para encontrar más reseñas sobre este tipo de productos es en revistas especializadas, como la de "*El Inversionista*", donde siempre dedican algunas páginas para todo este tipo de temas y consejos que vale la pena leer.

¿Cómo sé que producto me conviene?

El asesor financiero se va a asegurar de hacerte ver eso, pero como en todo, va a ofrecer soluciones de la compañía donde él trabaja o distribuye estos productos. Entonces si debes tener bien en la mente que es lo que necesitas. Pero y ¿qué pasa si no sé qué es lo que quiero? No te preocupes, más adelante vamos a ver qué tipo de soluciones existen para que tú identifiques cual es la que mejor se adapta a ti. Tú vas a comprar por tus razones no por las que el asesor financiero quiera venderte.

Más adelante hablaremos del tema en concreto, pero tienes que ser sincero contigo, por ejemplo ¿quieres un seguro de vida? Lo más probable es que tu respuesta sea que no. Pregúntate a ti mismo, ¿qué tan importante es el seguro de vida para mí? Si eres soltero, no tienes hijos y prácticamente tú eres tu única responsabilidad, un seguro de vida no es el vehículo correspondiente para ti. Pero si ya tienes hijos, eres casado y ellos dependen de ti, entonces probablemente sí ya es una necesidad. Pero si lo que tú quieres es ahorrar e invertir, aunque mis colegas me cuelguen, el seguro de vida no es para ti. Unas hojas más adelante veremos el por qué, pero tú necesitas otro vehículo diferente que te dé más rendimientos y no tengas que estar pagando ese componente de protección que en el seguro de vida es a fuerza y va a limitar la cantidad de tu ahorro que se va a invertir.

Quiero invertir, pero no tengo idea de qué hacer.

Aspectos importantes.

Empezar a invertir es mucho más sencillo de lo que te imaginas, pero si hay cosas que debes tomar en cuenta para que tu inversión crezca en vez de decrecer. Un aspecto que debes tomar en consideración para cualquier tipo de inversión que te propongan es la inflación. Seguro la has escuchado, pero talvez no tengas idea de cómo funciona. La inflación para ponerlo en términos simples, hace que tu dinero pierda valor en el tiempo, es decir, cien pesos que tenías ayer, ya no valen lo mismo hoy, a pesar de que tú sigas viendo cien pesos.

¿Complicado? No. Por eso escuchas que mucha gente te dice que los pesos de hoy no van a valer lo mismo que dentro de algunos años. Ahora, ¿por qué es importante saber esto? Porque la inflación promedio en México se ha mantenido cerca del 4% anual. Entonces acá encontramos una clave para tu inversión. Todo rendimiento que te den por lo menos debe ser de ese

4% para "*quedar tablas*". Si volteamos a ver lo que a veces te da el banco, que puede ser un 2% a 3%, pues es nada y tu dinero, aunque tú sigas viendo la misma cantidad tiene una pérdida.

Entonces, necesitamos algo que esté por arriba de ese 4% para que cuando queramos sacar la tasa real, superemos a la inflación y nuestro dinero crezca. Hay diferentes instrumentos que pueden darte eso, uno, el favorito de muchos mexicanos son los CETES (Certificados de la Tesorería). Llegan a dar buen rendimiento, pero tampoco esperes un rendimiento estratosférico. Otro de ellos es la UDI (Unidades de Inversión) que cotizan a diario y te dan la inflación más un cachito más de rendimiento. Estos son buenos instrumentos que superan a la inflación, pero no son los más eficientes, más adelante veremos acerca de ellos.

Te preguntarás, ¿cómo puedo protegerme contra la inflación? Muy sencillo. Este tipo de productos permiten que tu aportación se indexe a la inflación. ¿Qué quiere decir eso? Bueno, año con año tu aportación va a ir subiendo de acuerdo a la inflación que haya sido ese año. Hay dos formas en lo que este tipos de productos lo hacen, unas lo hacen de acuerdo a lo que Banco de México reporta, es decir, cada Febrero es cuando se actualiza. La otra forma es cada diciembre. Si me preguntas ¿cuál es mejor? Te diría que la que se toma de Banco de México.

Y ¿qué pasa si invierto en dólares? Pues esas son malas noticias. Desafortunadamente, nos han hecho creer que los dólares son mejores que los pesos. En precio, si, lo son, pero como inversión estando aquí en México, no es la mejor. En los últimos 12 años con todo y esas subidas que ha habido fuertes del dólar el rendimiento ha sido apenas del 5%. Un punto arriba de la inflación, entonces la realidad es que no es nada. Pero ¿qué pasaría si pudieras tener una opción en la que tuvieras inversión en dólares y en otras cosas que te generen más? Estaría buenísimo, ¿no? Bueno, aguanta ese pensamiento unas páginas, lo veremos más adelante.

Hablemos de riesgo.

Una cosa a la que debes hacerte consciente es que cuando hablas de tema de dinero, siempre, léelo bien, SIEMPRE va a haber un riesgo. Oye, pero yo guardo mi dinero en casa, ¿ahí qué riesgo hay? ¡Uuuf! La lista no acaba, ¿tienes quién haga la limpieza en tu casa? Pregunta a cuántos les han robado dinero. Cuando salieron las nuevas reformas y salió la que a todo mundo le daba miedo y dejaron de poner el dinero en el banco, de eso se enteran los ladrones, ellos saben que va a haber más dinero en las casas, eso se vuelve su objetivo. Y adicional, como platicamos arriba, la inflación se está comiendo a ese dinero, así que no reclames, le estás perdiendo guardándolo en tu casa. Y ¿si lo guardo en el banco? También, la inflación se lo come.

Esto de pérdidas y ganancias, lleva a un punto, que quiero aclarar de una vez y que quizás es de los aspectos más importantes que necesitas conocer al invertir, la diferencia entre una pérdida y una minusvalía. ¿Habías escuchado la palabra minusvalía? Si estás en el mundo de las finanzas, seguro, pero si no, en tu vida la habías escuchado. Bien, la diferencia entre ellas dos es sencilla y radica en si sacas el dinero o no.

Por ejemplo, supongamos que tu compras con $1,000,000 pesos, 100,000 títulos o acciones, el costo de cada una fue de $10 pesos. Ahí dejas trabajando tu dinero y a los dos años tus títulos o acciones ahora valen $5 pesos cada una. ¡¿Pero qué está pasando?! ¡Estoy perdiendo dinero! No… estás teniendo una minusvalía, tus títulos ahora valen menos de lo que valían. Aquí es donde hay que tener buen estómago y aguantar, si decides retirarte, entonces sí, esos cien mil títulos que tenías te los van a pagar a $5 pesos cada uno y te vas con $500,000 pesos. Ahí si perdiste, por un miedo. Lo peor de todo es que, quien haya comprado esos 100,000 títulos cuando estaban en ese nivel tan bajo, aprovechó esa oportunidad y dos años después ahora esos títulos ya no valen $5 pesos, ahora valen $350 pesos cada uno.

Tú te fuiste con $500,000 cuando pudiste haber cobrado $35,000,000 entonces vas a querer irte a aventar del primer puente que veas por no haber aguantado un poquito más. Ojo, este ejemplo, a pesar de que pasa en la vida real, ya estamos hablando de mercado de capitales, que es mucho más volátil que otros. El punto es, que dependiendo del perfil de inversionista que tengas (eso lo veremos más adelante) siempre hay la posibilidad de una minusvalía, pero ya veremos un factor importante para reducir ese riesgo. Bueno te lo adelantó un poquito, diversificación. Al rato hablamos de ese. Del mismo modo funciona la ganancia y la plusvalía, tienes una plusvalía cuando tus títulos valen más pero la ganancia es hasta que tú retiras el dinero.

El nombre del juego: Diversificación.

Y ahora sí, llegamos a lo interesante de todo esto. Si le preguntaras a un amigo financiero, qué consejo te puede dar para invertir tu dinero, seguramente te dirá: "no pongas todos los huevos en una canasta, si se te cae, se te rompen todos." La realidad es que por más que lo repitan, no se hace viejo y no deja de ser verdad. Y si buscamos definir diversificación en una frase, sería exactamente esa.

Recordemos lo que platicamos un poco antes, lo de los CETES y UDIS. En sí, esos dos instrumentos ya son de bajo riesgo, pero bueno, tienes que elegir ir a uno y ahí poner todos los huevos en una canasta. Pasa lo mismo cuando buscas una casa de bolsa para invertir, vas y pones todo tu capital ahí, pones todos los huevos en una canasta. Pero ¿qué pasaría si tuvieras forma de ir con una parte de tu capital a CETES y otra parte a UDIS? Estaría teniendo un rendimiento diferente para cada parte de tu capital, estaría optimizando tu rendimiento y el riesgo lo estarías minimizando. Pero ¿por qué minimizo el riesgo? Bueno, porque si baja uno, digamos los CETES, las UDIS puede que sigan estables o se comporten de forma excluyente y si baja CETES sube UDIS. Ojo, no estoy diciendo que así pasa con esos dos en específicos, es para que tengas la idea.

¿Ya ves el beneficio de la diversificación? Ahora imagínate que tengas todo un portafolio diversificado en el que tengas varios vehículos en los que puedas estar invirtiendo, optimizando tu rendimiento y minimizando el riesgo. ¡Estaría buenísimo! Para suerte de nosotros, existen productos que lo hacen así. Pero y luego, ¿en dónde está mi dinero? Repartido en, llamémosle pequeñas canastas. ¿Qué puede tener un portafolio diversificado? De todo. Pongamos un ejemplo, supongamos que tienes una inversión en la que traes instrumento de Renta Fija (Mercado de Deuda), es decir, de bajo riesgo, y algunos de Renta Variable Local, es decir de mayor riesgo.

Tu rendimiento va a ser más que el que tenga todo en Renta Fija y el riesgo va a ser menor al que pone todo en Renta Variable. Ahora, imagina si pusiéramos ahí, adicional a los dos instrumentos que ya traemos, uno de Renta Variable Estratégica o Fondos Globales. Que ese trajera Renta Fija y Variable de todo el mundo. Optimizas aún más el rendimiento y el riesgo lo vuelves a hacer más pequeño. Hablemos, de lo que está pasando con el dólar, justo en las fechas en las que estamos escribiendo este libro, anda por las nubes. Puede que traigas una minusvalía en tu portafolio de Renta Variable Local pero en el Estratégico va a haber dinero en instrumentos que cotizan en dólares, entonces por ese lado estás teniendo plusvalía y compensando las minusvalías del otro portafolio. En conclusión, si vas a invertir, busca quien te ofrezca diversificación. Una estadística real para pensarse un poco. En los últimos 10 años un portafolio diversificado, ha tenido un rendimiento del 187%, superando a las acciones globales, las cuales han dado un rendimiento de 128% y también superando a los bonos globales, los cuales en esos 10 años han tenido un rendimiento de 58%. ¿Recuerdas la frase de unas hojas atrás? Montos de ahorrador, rendimientos de inversionista. Ahí lo tienes.

Hablemos de Ahorro.

Necesitas de un ahorro.

Ya vimos una parte de la inversión y que cosas importantes hay que considerar, pero no debemos descartar el ahorro en ningún momento. Si pudiéramos hacer ese ahorro y poderlo invertir, sería una opción bastante buena, ¿no lo crees? Pues créelo, hay soluciones que así lo hacen.

El ahorro es un tema del cual en México no estamos acostumbrados a tratar. Es problemático, pero si no nos hacemos conscientes de él, el día de mañana vamos a ser un país de viejos y pobres. Y ni qué decir de los impuestos que nos van a estar cobrando el día de mañana para poder darles una pensión a aquellos que no se preocuparon por ellos mismos.

Un ahorro lo puedes utilizar para muchas cosas. Toma en cuenta que, un ahorro no es el que tienes en tu cuenta de banco y que si se te antoja comprarte una bolsa o un reloj o lo que sea, lo tomas de ahí y "después lo repones", porque honestamente deben ser contados quienes sí lo repongan. La importancia de un ahorro es la finalidad. Si no tiene una finalidad tu ahorro, la realidad es que no sirve de mucho, porque en cualquier momento ese dinero desaparece. Entonces, debes ser fiel a esa finalidad que va a tener ese ahorro.

¿Qué finalidad le puedo dar a mi ahorro? Bueno, hay que conocer tus metas, de lo que hablaremos más adelante y así es como vas a saber para qué vas a ahorrar. El siguiente paso es hacerlo sencillo. Entonces vamos a transformar ese ahorro en un gasto. Un gasto que te vas a pagar a ti mismo. Porque a todos nos gusta gastar, así que busca la forma de que ese ahorro se haga directo de tu cuenta de banco o de tu tarjeta de crédito y así sabes que ese ahorro disfrazado de gasto, lo tienes que pagar.

Y por favor, no pongas de excusa que no tienes dinero para ahorrar. Déjame preguntarte algo, supongamos que tienes un hijo, o si ya tienes hijos, bueno más sencillo el ejemplo. Se enferma y necesitas conseguir dinero para que puedan hacerle su intervención y salvarlo, conseguirías ese dinero, ¿verdad? Bueno, así es como tienes que ver de ahora en adelante tu ahorro. Lo necesitas y tienes que hacer todo para hacerlo, no hay vuelta atrás. Fallar ese compromiso, es fallarte a ti mismo.

Bien, quiero ahorrar pero ¿cuánto?

¿Qué te dirían los gurús? Esa respuesta ya la sabes, ahorrar el diez por ciento de todo lo que ingresas. Pero tomemos un momento para analizarlo. Supongamos… quieres una casa de, por decir una cifra, $2,000,000 y vámonos tranquilos, aun no tienes hijos, pero quieres un retiro digno de $50,000 pesos mensuales, por lo cual debes llegar a una cantidad de $15,000,000. Tu ingreso promedio mensual es de $20,000 pesos y vas a ahorrar $2,000 mensuales, ¿crees que con eso te va a alcanzar?

Entonces estamos hablando que ese 10% del que todo mundo te habla no es indicado si quieres llegar a tus metas. En lo personal, me gusta recomendar que la gente ahorre, mínimo, su edad en porcentaje. Oye, ¿pero conforme vaya creciendo voy a tener que ahorrar más? Por su puesto. Y ya puedo imaginar la cara que estás haciendo, pero déjame preguntarte algo, ¿cuánto te pagas a ti, mes a mes? Ah, caray, ¿cómo que cuánto me pago a mí? Si, tú recibes un sueldo que te dan por tu trabajo, pero tú, ¿cuánto te pagas? Tu coche no vale como pago, ni tu bolsa de marca, ni nada de lo que compras. Llega tu ingreso y ¿qué es lo que haces? Pagas tus tarjetas de crédito, pagas aquí y allá y todos los que les debes… y, a ti, ¿cuándo?

Ya es tiempo de que empieces a valorar el trabajo que tú haces y que empieces a remunerarte a ti mismo. Esa es una de las formas en las que más rápido vas a empezar a darte cuenta de la importancia que hacer un ahorro tiene. Empieza con un poco y ve la forma de irle subiendo poco a poco, busca la forma de pagarte más. En muchos otros libros puedes encontrar diversas formas de hacerlo, aquí el mensaje con el que quiero que te quedes es: empieza. Toma acción y empieza a hacer tu ahorro, y empieza a verlo crecer.

El tiempo: factor importante.

Una vez que ya empezaste tu ahorro, ahora viene una parte que también va a jugar con tu cabeza, el tiempo. ¿Por cuánto tiempo ahorro? Toda la vida, nunca dejes de hacerlo. Pero recuerda que ya hablamos de la finalidad y aquí es dónde nos adentramos un poco más en eso. Algo que debes considerar es… nunca es tarde para ahorrar.

El tiempo es un factor que vamos a considerar en el ahorro y más si lleva un componente de inversión. Entre más rápido empieces mejor. Si tu dejas de ahorrar $18,000 pesos en un año, que son $1,500 mensuales o $50 pesos diarios, en un plazo de 40 años perderías aproximadamente $1,500,000 pesos al final. Increíble, ¿verdad? Esto te está diciendo que ya no puedes dejar pasar más tiempo.

Oye, pero bueno, ahí estás yendo a un plazo muy largo. Si, estás en lo correcto, pero para alguien de 25 años que empieza a trabajar y que ya no va a poder gozar de una pensión por parte del seguro social, el saber que a los 65 años va a poder tener una pensión y vivir con toda comodidad, representa una tranquilidad. Si tú tienes 25 años… bueno ya sabes que es urgente que empieces ese ahorro.

Algo que, para los que ya son papás, les preocupa, es la educación de sus hijos. Siempre quieren lo mejor para ellos y la inversión que se tiene que hacer en el tema de educación es bastante alta. De igual forma, el tiempo siempre te va a premiar. Es diferente que si tu meta de ahorro para que tu hijo estudie en un Tec de Monterrey o en una Ibero, qué sé yo, va a costarte, dentro de dieciocho ~ veinte años, $1,300,000 por hijo. Si empiezas desde que está pequeño, el ahorro que tú vas a hacer no va a representar ni la mitad de esa cantidad que tienes como meta, entre más años dejes pasar, la cantidad que tú vas a terminar ahorrando va a ser mayor.

Y así va a ser con todas las metas que tengas a mediano o largo plazo. Grábate esta línea: el tiempo es el mejor amigo de cualquier inversión.

Protegiendo mi patrimonio.

Los seguros de vida.

El tema del que nadie quiere hablar pero lo consideran importante. Qué controversia. En mi opinión es un seguro de muerte, ya que probablemente tú no vas a disfrutar de ese dinero, pero es algo que es necesario. Es, de alguna forma como asesor financiero, grato cuando una familia se ve beneficiada por un seguro de vida. Vamos, yo sé que ellos quisieran que la persona estuviera ahí, pero hasta el último momento su preocupación siempre fueron ellos y los protegió. Mi trabajo fue de ayuda.

Por otro lado, es desgarrador, cuando suena tu teléfono y es la esposa o esposo de alguien que, desafortunadamente tuvo el siniestro y ya no está más con nosotros, y te dice que encontró tu tarjeta entre sus cosas y vio que te dedicas a la parte de protección, que le digas por favor si contrató un seguro vida contigo y tienes que decirle que por más que hiciste tu mejor esfuerzo, él dijo que iba a preguntarle a su esposa o esposo, si estaba de acuerdo en que lo comprara. Evidentemente nunca le preguntó.

Un tema importante que hay que tocar acá es si el seguro vida vale la pena como método de inversión. Yo veo el seguro de vida como protección y eso es lo que es, proteger a tus seres queridos en caso de que pase un siniestro. En ese caso, si tu prioridad es esa, si compra uno, pero uno temporal. Con ese puedes elegir una suma asegurada elevada y te va a salir muy barato. El seguro dotal, a mi parecer, como inversión no es eficiente. Ese es el más común que vas a encontrar ahí afuera. Te lo van a vender como inversión, pero la realidad es que de la aportación que tú hagas, el 80% va a pagar ese seguro de vida y el 20% va a ser tu ahorro. Entonces si pagas $2,000 pesos, $1,600 pagan el seguro y $400 son tu ahorro. Honestamente con cuatrocientos pesos ¿qué tanto puede ahorrar? Exacto. Nada. Además de las penalizaciones que tiene el producto si decides cancelar tu seguro, son excesivas.

El rendimiento tampoco es bueno. Te lo garantizan, si, pero esos valores garantizados son porque ya pagaste durante esos años el seguro y en realidad vienes recuperando hasta dentro de tres o cuatro años lo que tu invertiste en un inicio. Además, año con año sube porque tú ya tienes más edad y el riesgo sube, además de la inflación. El rendimiento anual de un producto como este es de aproximadamente un punto arriba de la inflación. Es bastante bajo a comparación de otros.

Pero, entonces…
- ¿Debería contratar un seguro de vida?
- Si, pero depende de tus necesidades.

Si ya tienes hijos que depende de ti, no lo pienses, compra un seguro vida y de preferencia uno temporal, te va a salir barato y vas a tener una buena suma asegurada. Te en cuenta que de lo que vas a pagar en este caso, no vas a recuperar nada. Es un producto completamente diferente al seguro de vida dotal, en el que sí recuperas una pequeña parte de lo que pagaste.

- ¿Puedo comprar los seguros educativos?
- Si, también funcionan, pero a mi parecer son ¡carísimos! Y poco eficientes, por algo cierta compañía ya los sacó del mercado. Hay otras formas más eficientes de lograr esa meta.

En ese tipo de planes educativos vas a terminar pagando casi la misma cantidad que vas a necesitar para cubrir la escuela de tus hijos. Recuerda, lo que necesitas es protección, necesitas cuidar ese "y ¿qué pasaría si no estoy?", ahí es donde está protección juega el papel importante.

Adquiere un buen nivel de protección y compra el seguro de vida temporal. Si lo que quieres es ahorrar e invertir para llegar a esa meta de una forma más eficiente, debes buscar otra forma de hacerlo.

La invalidez.

Este tema que vamos a tocar a continuación es otro de los delicados. Me he encontrado con amigos que les gusta bastante la fiesta y después de una buena noche de copas, todavía manejan a sus casas. Ellos dicen, bueno si llego a chocar pues me muero y ya, hasta ahí quedó. Pero ese es en realidad el escenario, llamémoslo, malo porque, ¿qué pasaría si chocas y sobrevives pero quedas inválido? Ya no puedes seguir generando el ingreso que antes generabas debido a esa condición en la que quedaste.

Si, la reacción de ellos es probablemente muy parecida a la que estás haciendo al momento de leer esto, una expresión de sorpresa pues nunca te habías puesto a pensar en eso. Y esto es en el caso de una persona normal que desempeña un trabajo de escritorio, pero por ejemplo si tú eres doctor, ¿qué pasa si pierdes una mano y ya no puedes operar? Dejemos la mano, ¿un par de dedos? O ¿un ojo? Todos esos años que dedicaste a tu carrera en un abrir y cerrar de ojos se fueron.

O ¿qué tal un notario público en el que su firma es la poderosa? Como dicen por ahí. Pierde una mano y es con la que firma. Qué tremendo lío, ¿verdad? Ahí es donde los seguros de invalidez entran y juegan un papel muy importante. Pues este tipo de profesiones se ven afectadas de manera muy grave cuando un suceso de esta naturaleza ocurre. Generalmente, cuando tú adquieres un seguro de vida, puedes elegir si también quieres que te cubra invalidez y el costo no es tan alto como si tan solo fuera para invalidez.

Es una protección, que si ya estás en el mercado por un seguro de vida, más vale que también la tengas disponible por ahí ante cualquier eventualidad. Protégete al cien por ciento.

Protege tu dinero, utiliza un fideicomiso.

Está parte en lo personal me gusta mucho y voy a aprovechar una de mis experiencias. Un prospecto alguna vez llegó conmigo, él acababa de jubilarse y le dieron un capital de su liquidación. Yo le explique uno de los instrumentos que manejo para cuando tienen ese tipo de capital. Un beneficio de esa herramienta es que incluye un fideicomiso de administración sin costo desde el día que el dinero entra la cuenta. Generalmente les lleva un tiempo decidir si van a invertir en esa solución porque él no estaba seguro de que era lo más seguro de hacer.

Yo hice mi trabajo para tratar de mostrarle la solidez de la empresa, pero ni aun así pude acelerar el proceso. Después de un tiempo, le llamo para ver qué decisión había tomado y para mi sorpresa, me dice que había hablado con un amigo que era financiero y le recomendó otra compañía. Una que bueno era relativamente nueva, pero el rendimiento se lo iban a depositar mes a mes y él tenía que dejarlo ahí un año. Me preguntó mi opinión sobre la empresa y en ese momento yo no la conocía, por lo que le comenté que no podía darle mi opinión ya que no la conocía y ni sabía que existía.

Me di a la tarea de ir a investigar de qué se trataba, pues ya me había ganado a un cliente potencial. Pregunté algunas cosas y todo pintaba bien hasta que pregunté cómo invertían el dinero. El modelo no está mal, pero a mí sí me buscan vender diciendo que el valor de su cartera vencida es del 1%... ya, no me gusta. Básicamente lo que hacen es, prestan tu dinero y de los intereses que les cobran a quien le prestan te dan tu parte del rendimiento. Además estaban regulados por la Comisión Nacional Bancaria y de Valores (CNBV) por lo cual pues en ese sentido si te da seguridad.

Unos meses después viene la noticia por parte de la CNBV: "CNBV ordena la disolución de la empresa". ¡¿Qué?! De inmediato fui a leer que fue lo que había pasado, la CNBV había encontrado prácticas ilícitas, lavado de dinero y descubre que cerca del cincuenta por ciento de las cuentas de la empresa eran "fantasma". Primero, antes de disolverla, congelan las cuentas por 180 días, terminando ese plazo ya se determina que hacer. Al final de cuentas, si se ordena la disolución. Lo platique con algunos de mis clientes, pues aquí es donde el valor del fideicomiso toma demasiada fuerza, les pregunté:

- ¿Has leído lo que está pasando con ésta empresa?
- Sí, pero ¿cuál es el problema ahí? Te regresan tu dinero, ¿no?
- La realidad es que no, va a depender cuánto fue lo que hayas invertido.
- A ver, espérame, ¿cómo?
- Si, a diferencia de la solución que tú tienes, los ahorradores de ésta empresa solo están protegidos por el fondo de protección al ahorro, al ser una Sofipo (Sociedad Financiera Popular) solo les regresarán 25,000 udis, lo que equivale a $130,000 pesos.

La cara se les ponía pálida y la pregunta obligada, seguido de esto era:

- Y yo ¿cómo estoy protegido contra esto?
- ¿Recuerdas lo que te platique del fideicomiso?
- Si…
- Bueno, en aquel momento, probablemente entendiste lo que te quise decir por la protección del fideicomiso, pero ahorita con esto que está pasando, ¿ya puedes ver el valor real de ese fideicomiso? Si pasara esto acá, te regresa todo tu dinero.

Por fin respiraron y ahora si veían el beneficio de tener su dinero con esa protección del fideicomiso. Ese intangible se vuelve de suma importancia cuando se llegan a presentar situaciones como esa. Pasaron un par de días y ¿de quién crees que tenía una par de llamadas perdidas? Si, de aquel prospecto que por recomendación de su amigo financiero se fue a esa empresa. Para ser honesto, no le contesté las llamadas, ¡no sabía qué decirle! Me mandó un par de mensajes pidiendo mi ayuda, para saber qué podía hacer para recuperar su dinero. Se me revolvía el estómago pero yo no podía ayudarle, ni yo ni nadie. El firmó el contrato en el que aceptaba esa condición. A veces queremos proteger, según nosotros, tanto nuestro dinero que no nos fijamos en dónde lo ponemos.

Y ¿cómo funciona el fideicomiso? Como todo tiene su definición y es una muy pesada porque involucra términos legales que los que no nos dedicamos a eso, son complicados de entender. Pero como siempre, alguien los hace sencillo para nosotros. La lógica del fideicomiso es así: tú tienes un dinero (que también puede ser bien, pero por el tema que estamos hablando vamos a dejarlo como dinero) que está en tu bolsa derecha, de ahí, tú se lo das a una empresa (fiduciaria) para que ella lo maneje a lo que tú órdenes y después va a regresar a tu bolsa izquierda. Al momento de la creación del fideicomiso, nadie es propietario de ese dinero. Nadie te lo puede quitar, porque ¿cómo pueden quitarte algo que no es tuyo? ¿Ves? Sencillo. Eso le da atributos a ese fideicomiso de inembargabilidad, es decir, adicional a la protección que te da en dado caso de que la empresa que te lo otorga quiebre y te tengan que devolver todo tu dinero, antes algún embargo de Hacienda, te gana tiempo de negociación y ante alguna demanda de pensión alimenticia, ni con orden de juez pueden tocar ese dinero, siempre y cuando la demanda haya llegado después de que el dinero entró al fideicomiso.

Generalmente los seguros de vida, vienen con un fideicomiso, pero estos son para que tú definas cómo quieres, en dado caso de que pase el siniestro, que les den esa suma asegurada a tus beneficiarios. Hay otras soluciones que los fideicomisos son protección hacia ti como ahorrador.

¿Cuál es la diferencia? El primero solo sucede hasta que pasa el siniestro, el segundo está vigente desde que el primer peso entre a la cuenta. ¿Cuál me conviene? El segundo, si lo que buscas es proteger tu dinero.

Finalmente, algo que debes considerar en este tipo de productos para que tú puedas estar seguro de que estás tomando una decisión inteligente, tiene que ver con las entidades, con las que la compañía que te ofrece el producto, está regulada. Busca siempre que esté avalada por Secretaría de Hacienda y Crédito Público (SHCP), que aunque no es muy querida pues es la que nos quita los impuestos, te da la seguridad de que la empresa está de forma legal en México, para que evites sorpresas. También busca que esté avalada por Comisión Nacional Bancaria y de Valores (CNBV) y si estamos hablando de un seguro, por la Comisión Nacional de Seguros y Fianzas (CNSF). Estas instituciones les ponen unos candados a las empresas de los que no tienes idea. Las empresas deben comprobarles a las instituciones que cumplen con las regulaciones que les piden, de lo contrario no pueden operar en México.

Entra a los sitios de las últimas dos, CNBV y CNSF, y ahí verifica que el nombre de la empresa esté en cada una de ellas. Sobre todo, en la parte de una inversión, en la CNBV, tú puedes ver las empresas que están reguladas de acuerdo al giro. Pídele a tu asesor que te muestre en dónde está la empresa de la que te está ofreciendo la solución. Porque puede darse la situación en la que te está presentando una empresa y te está dando rendimientos enormes, por decir 25% anual, pero si no está regulada en México, pasan dos cosas:

1. Cuando cobres tu dinero vas a tener que pagarle a Hacienda los impuestos correspondientes por ese ingreso que generaste, y
2. si esa empresa llega a tronar o irse de México… ¿a quién le vas a reclamar?

La CONDUSEF es quien te ayuda en ese tipo de situaciones, pero si la empresa en la que tú pusiste tu dinero no está de forma legal en México, no podrían ayudarte. Y ahí, si se te volvería un verdadero problema.

Claudia Martínez García, Coach especialista en Mercadeo en Red, con gran éxito en los últimos 10 años en negocios desde casa; experta en dar seminarios, conferencias, talleres, y entrenamientos de liderazgo. Con un gran conocimiento de Negocios por Internet. www.facebook.com/LADAMADELMARKETING claudia2011online@yahoo.com Skype: claudia2011online

Alexis Delgado. Morelia Michoacán 10 de Febrero 1974- Guadalajara Jal. 10 de Febrero 2015, Ingeniero en electrónica y computación con 21 años de experiencia en la industria manufacturera, actualmente se despeña como superintendente de procesos, con conocimientos en inversión de bolsa y bienes raíces. Contacto: delguerjr@gmail.com

César Pescador es emprendedor, coach, diseñador, consultor y conferenciante especialista en Marketing por internet, desarrollo de apps y negocios digitales. Es fundador de la startup Bigfishapp.es y socio estratégico de Veloz Mandados México. Si tienes algún comentario o deseas saber más de estos temas visita mi sitio http://cesarpescador.com

Uinic Cervantes es COACH y PLANIFICADOR FINANCIERO PERSONAL, cuenta con certificaciones en *CashFlow 101* y entrenamientos sobre manejo del dinero, de objeciones, en ventas de alto valor, comunicación, liderazgo y trabajo en equipo; fundador y director general de su empresa de capacitación **Grupo Éxito Total** y de la comunidad **Club GET** dedicadas a educar a las personas mente. Ha sido conferencista, panelista y ponente en talleres y seminarios. Síguelo en su Blog: www.UinicCervantes.com

Rosa María García Calixto. Licenciada en contaduría pública, por la Universidad Nacional Autónoma de México, tengo 15 años de experiencia en las áreas de contabilidad, auditoría fiscal y administrativa. Actualmente cuento con cartera de clientes propia y desarrollándome en el área financiera y de negocios para pymes. Dirijo un entrenamiento de finanzas personales basado en el simulador cashflow 101. Contacto: skype rosagarcia. Email: rgarcia_consultoria@hotmail.com

Armando Valencia Madrid Ingeniero Industrial y de Sistemas, graduado del Instituto Tecnológico y de Estudios Superiores de Monterrey Campus Aguascalientes. Socio Director de Insigo Consultores. Empresa dedicada a la ingeniería financiera. Asociados de Agencia de Seguros 360° en Aguascalientes. Correo: avalencia@insigoconsultores.com.mx www.insigoconsultores.agendacita.com

www.ingramcontent.com/pod-product-compliance
Lightning Source LLC
Chambersburg PA
CBHW070831180526
45168CB00002B/798